Impressum
Verlag: BABADADA GmbH, Nedderfeld 112 , 22529 Hamburg
Geschäftsführer / Verlagsleitung: Harald Hof
Druck: Books on Demand GmbH, In de Tarpen 42, 22848 Norderstedt

Imprint
Publisher: BABADADA GmbH, Nedderfeld 112 , 22529 Hamburg, Germany
Managing Director / Publishing direction: Harald Hof
Print: Books on Demand GmbH, In de Tarpen 42, 22848 Norderstedt, Germany

школа
ໂຮງຮຽນ

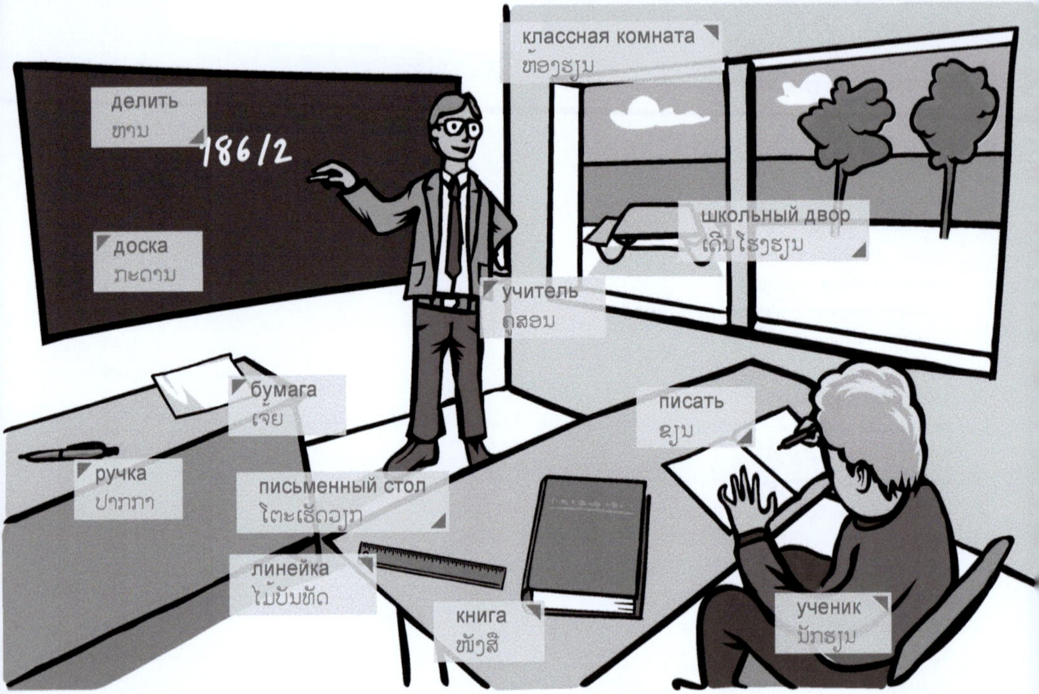

классная комната
ຫ້ອງຮຽນ
делить
ຫານ
186/2
доска
ກະດານ
школьный двор
ເດີ່ນໂຮງຮຽນ
учитель
ຄູສອນ
бумага
ເຈ້ຍ
писать
ຂຽນ
ручка
ປາກກາ
письменный стол
ໂຕະເຮັດວຽກ
линейка
ໄມ້ບັນທັດ
книга
ໜັງສື
ученик
ນັກຮຽນ

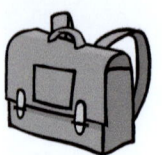

ранец

ກະເປົາໃສ່ປຶ້ມທີ່ມີສາຍພາຍ

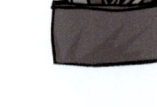

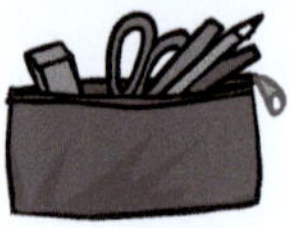

пенал

ກັບສໍດຳ

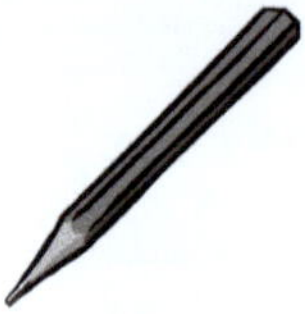

карандаш

ສໍດຳ

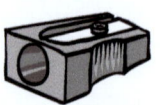

точилка

ເຄື່ອງແຫຼມສໍ

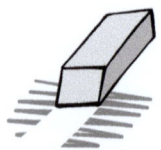

ластик

ຢາງລຶບ

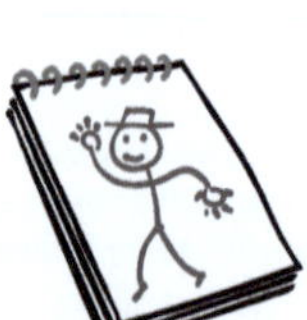

альбом для рисования

ສະໝຸດແຕ້ມຮູບ

рисунок

ພາບວາດ

кисточка

ແປງທາສີ

коробка красок

ກ່ອງສີ

ножницы

ມິດຕັດ

клей

ກາວ

тетрадь

ປຶ້ມເຝິກຫັດ

домашняя работа

ວຽກບ້ານ

12

цифра

ຕົວເລກ

2+2

прибавлять

ບວກ

5-2

вычитать

ລົບ

2✕2

умножать

ຄູນ

считать

ຄິດໄລ່

A

буква

ຕົວອັກສອນ

ABCDEFG
HIJKLMN
OPQRSTU
VWXYZ

алфавит

ພະຍັນຊະນະ

hello

слово

ຄຳສັບ

текст

ຂໍ້ຄວາມ

читать

ອ່ານ

мел

ສໍຂາວ

урок

ບົດຮຽນ

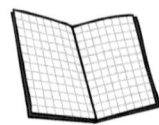

классный журнал

ລົງທະບຽນ

экзамен

ການສອບເສັງ

диплом

ໃບຢັ້ງຢືນ

школьная форма

ຊຸດນັກຮຽນ

образование

ການສຶກສາ

энциклопедия

ປຶ້ມຮວບຮວມຄວາມຮູ້ສາລະພັດ

университет

ມະຫາວິທະຍາໄລ

микроскоп

ກ້ອງຈຸລະທັດ

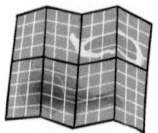

карта

ແຜນທີ່

корзина для бумаг

ກະຕ່າໃສ່ເສດເຈ້ຍ

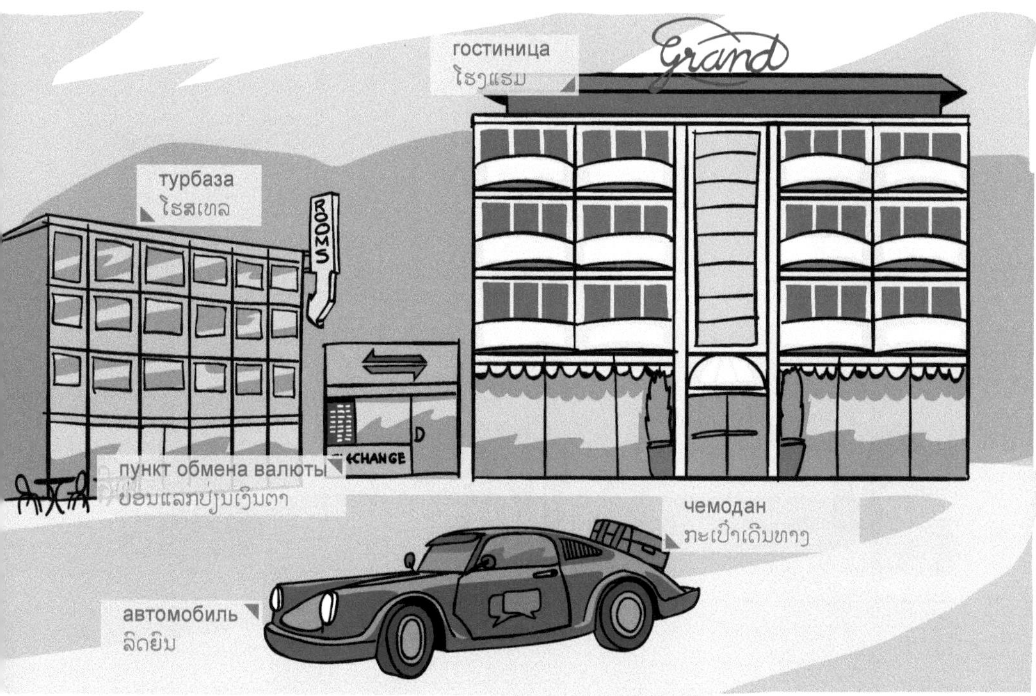

гостиница
ໂຮງແຮມ

турбаза
ໂຮສເຫລ

пункт обмена валюты
ບ່ອນແລກປ່ຽນເງິນຕາ

чемодан
ກະເປົາເດີນທາງ

автомобиль
ລົດຍົນ

язык
....
ພາສາ

да / нет
....
ແມ່ນ / ບໍ່ແມ່ນ

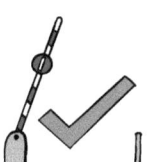

хорошо
....
ຕົກລົງ

Привет
....
ສະບາຍດີ

переводчик
....
ນັກແປພາສາ

Спасибо
....
ຂອບໃຈ

Сколько стоит...?

ລາຄາເທົ່າໃດ...?

Я не понимаю

ຂ້ອຍບໍ່ເຂົ້າໃຈ

проблема

ບັນຫາ

Добрый вечер!

ສະບາຍດີຕອນແລງ!

Доброе утро!

ສະບາຍດີຕອນເຊົ້າ!

Доброй ночи!

ລາຕີສະຫວັດ

До свидания

ລາກ່ອນ

направление

ທິດທາງ

багаж

ກະເປົາເດີນທາງ

сумка

ກະເປົາ

рюкзак

ກະເປົາພາຍຫຼັງ

гость

ແຂກ

комната

ຫ້ອງ

спальный мешок

ຖົງໃສ່ເຄື່ອງນອນ

палатка

ເຕັ້ນ

туристическая информация

ຂໍ້ມູນນັກທ່ອງທ່ຽວ

пляж

ຫາດຊາຍ

кредитная карточка

ບັດເຄຣດິດ

завтрак

ອາຫານເຊົ້າ

обед

ອາຫານທ່ຽງ

ужин

ອາຫານແລງ

билет

ປີ້

лифт

ລິຟ

почтовая марка

ສະແຕມ

граница

ພົມແດນ

таможня

ພາສີ

посольство

ສະຖານທູດ

виза

ວີຊາ

паспорт

ໜັງສືຜ່ານແດນ

транспорт
ຂົນສົ່ງ

самолёт
ເຮືອບິນ

корабль
ກຳປັ່ນ

пожарный автомобиль
ລົດດັບເພີງ

грузовик
ລົດບັນທຸກ

автобус
ລົດເມ

моторная лодка
ເຮືອຈັກ

велосипед
ລົດຖີບ

автомобиль
ລົດຍົນ

паром

ເຮືອຂ້າມຟາກ

лодка

ເຮືອ

мотоцикл

ລົດຈັກ

полицейский автомобиль

ລົດຕຳຫຼວດ

гоночный автомобиль

ລົດແຂ່ງ

арендованный автрмобиль
ລົດເຊົ່າ

совместное пользование
автомобилями

ການແບ່ງປັນກັນໃຊ້ລົດ

буксировочный
автомобиль

ລົດລາກ

мусоровоз

ລົດຂົນຂີ້ເຫຍື້ອ

двигатель

ເຄື່ອງຢົນ

топливо

ເຊື້ອໄຟ

заправка

ບ່ຳນ້ຳມັນ

дорожный знак

ປ້າຍຈາລະຈອນ

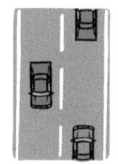

движение

ການຈາລະຈອນ

пробка

ການຈາລະຈອນຕິດຂັດ

автостоянка

ບ່ອນຈອດລົດ

вокзал

ສະຖານີລົດໄຟ

рельсы

ລາງລົດໄຟ

поезд

ລົດໄຟ

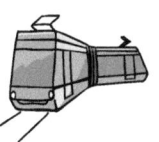

трамвай

ລົດລາງ

вагон

ຕູ້ລົດໄຟ

вертолёт

ເຮລິຄອບເຕີ

аэропорт

ສະໜາມບິນ

вышка

ຫໍຄອຍ

пассажир

ຜູ້ໂດຍສານ

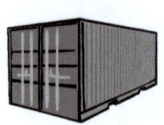

контейнер

ຕູ້ບັນຈຸສິນຄ້າ

коробка

ກ່ອງເຈຍ

тележка

ກວຽນ

корзина

ກະຕ່າ

взлетать / приземляться

ເຮືອບິນຂຶ້ນ / ເຮືອບິນລົງຈອດ

деревня

ບ້ານ

центр города

ໃຈກາງເມືອງ

дом

ເຮືອນ

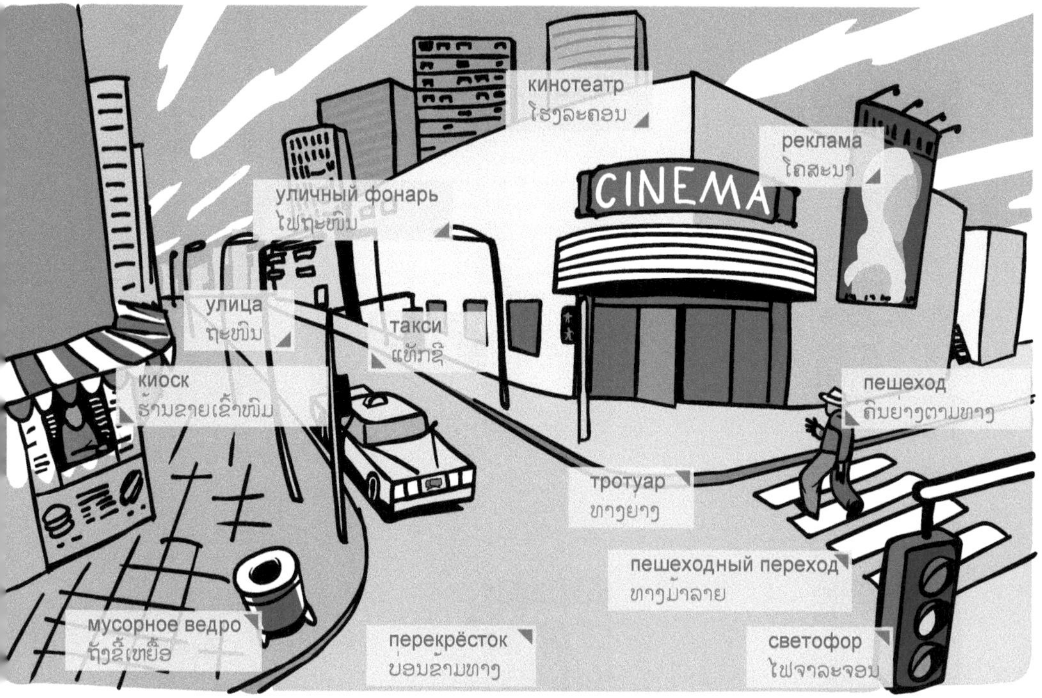

кинотеатр
โรงละคอน

реклама
โฆสะนา

уличный фонарь
ໄຟຖະໜົນ

улица
ຖະໜົນ

такси
แท็กຊີ

киоск
ຮ້ານຂາຍເຄື່ອງຫຍິບ

пешеход
ຄົນຍ່າງຕາມທາງ

тротуар
ທາງຍ່າງ

пешеходный переход
ທາງມ້າລາຍ

мусорное ведро
ຖັງຂີ້ເຫຍື້ອ

перекрёсток
ບ່ອນຂ້າມທາງ

светофор
ໄຟຈາລະຈອນ

хижина

ຕູບ

квартира

ແຟລດ

вокзал

ສະຖານີລົດໄຟ

ратуша

ໂຮງການເມືອງ

музей

ຫໍພິພິດຕະພັນ

школа

ໂຮງຮຽນ

университет

ມະຫາວິທະຍາໄລ

банк

ທະນາຄານ

больница

ໂຮງໝໍ

гостиница

ໂຮງແຮມ

аптека

ຮ້ານຂາຍຢາ

офис

ຫ້ອງການ

книжный магазин

ຮ້ານຂາຍໜັງສື

магазин

ຮ້ານຄ້າ

цветочный магазин

ຮ້ານຂາຍດອກໄມ້

супермаркет

ຊຸບເປີມາກເກັດ

рынок

ຕະຫຼາດ

универмаг

ຫ້າງສັບພະສິນຄ້າ

торговец рыбой

ຮ້ານຂາຍປາ

торговый центр

ສູນການຄ້າ

порт

ທ່າເຮືອ

парк

ສວນສາທາລະນະ

скамейка

ແປ້ນມ້າ

мост

ຂົວ

лестница

ຂັ້ນໄດ

метро

ລົດໄຟໃຕ້ດິນ

тоннель

ອຸໂມງ

автобусная остановка

ປ້າຍລົດເມ

бар

ຮ້ານຂາຍເຫຼົ້າ

ресторан

ຮ້ານອາຫານ

почтовый ящик

ຕູ້ໄປສະນີ

табличка с названием
улицы

ປ້າຍຊື່ຖະໜົນ

паркометр

ມິເຕີເກັບຄ່າຈອດລົດ

зоопарк

ສວນສັດ

бассейн

ສະລອຍນ້ຳ

мечеть

ວັດມຸດສະລິມ

ферма

ຟາມ

загрязнение окружающей среды

ມົນລະພິດ

кладбище

ສຸສານ

церковь

ໂບດ

детская площадка

ເດີ່ນຫຼິ້ນຂອງເດັກນ້ອຍ

храм

ວັດມຸດສະລິມ

ландшафт

ພູມິປະເທດ

лист
ໃບໄມ້

дорожный указатель
ປ້າຍບອກຫາງ

дорога
ຫາງ

луг
ທົ່ງຫຍ້າ

камень
ກ້ອນຫີນ

дерево
ຕົ້ນໄມ້

путешественник
ນັກເດີນທາງໄກດ້ອຍການຍ່າງ

река
ແມ່ນ້ຳ

цветок
ດອກໄມ້

трава
ຫຍ້າ

долина

ธอมพู

гора

ເນີນເຂົາ

озеро

ທະເລສາບ

лес

ປ່າ

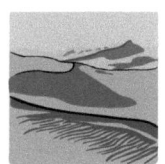

пустыня

ທະເລຊາຍ

вулкан

ພູເຂົາໄຟ

замок

ທຳປະສາດ

радуга

ຮຸ້ງກິນນ້ຳ

гриб

ເຫັດ

пальма

ຕົ້ນປາມ

комар

ຍຸງ

муха

ແມງວັນ

муравей

ມົດ

пчела

ເຜິ້ງ

паук

ແມງມຸມ

жук

ແມງປີກແຂງ

лягушка

ກົບ

белка

ກະຮອກ

еж

ເໝັ້ນ

заяц

ກະຕາຍປ່າ

сова

ນົກເຄົ້າ

птица

ນົກ

лебедь

ຫົງ

кабан

ໝູປ່າຕົວຜູ້

олень

ກວາງ

лось

ກວາງໃຫຍ່

плотина

ເຂື່ອນ

ветряной генератор

ພະລາງົມ

солнечная батарея

ແຜງໂຊລາເຊລ

климат

ສະພາບອາກາດ

ресторан
ຮ້ານອາຫານ

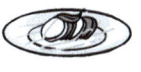

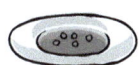

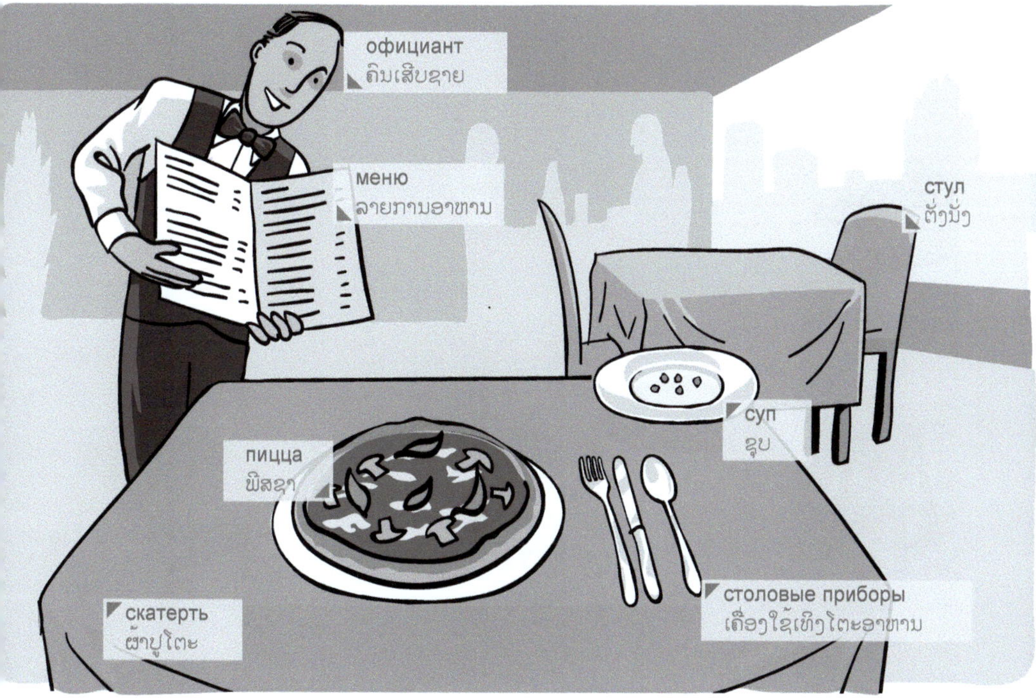
официант
ຄົນເສີບຊາຍ
меню
ລາຍການອາຫານ
стул
ຕັ່ງນັ່ງ
суп
ຊຸບ
пицца
ພິຊຊາ
скатерть
ຜ້າປູໂຕະ
столовые приборы
ເຄື່ອງໃຊ້ເທິງໂຕະອາຫານ

закуска

ອາຫານເລີ່ມຕົ້ນ

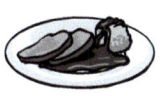

главное блюдо

ອາຫານຈານຫຼັກ

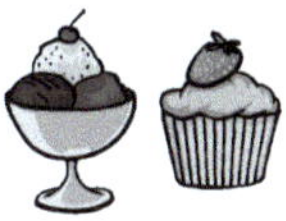

десерт

ຂອງຫວານ

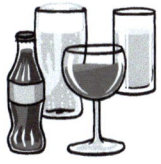

напитки

ເຄື່ອງດື່ມ

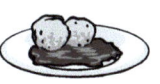

еда

ອາຫານ

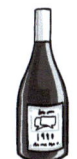

бутылка

ຂວດແກ້ວ

фастфуд

ອາຫານຈານດ່ວນ

уличная еда

ຮ້ານຂາຍທາງ

чайник

ເຕົ້ານ້ຳຊາ

сахарница

ຖ້ວຍນ້ຳຕານ

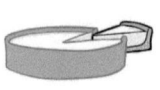

порция

ສ່ວນແບ່ງອາຫານສຳລັບໜຶ່ງຄົນ

кофеварка

ເຄື່ອງຊົງກາເຟເອສເປຣສໂຊ

детский стульчик

ເກົ້າອີ້ສູງ

счет

ໃບເກັບເງິນ

поднос

ຖາດ

нож

ມີດ

вилка

ສ້ອມ

ложка

ບ່ວງ

чайная ложка

ຊ້ອນຊາ

салфетка

ຜ້າເຊັດປາກຢູ່ໂຕະອາຫານ

стакан

ຈອກແກ້ວ

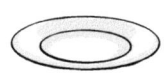

тарелка

จาบ

суповая тарелка

จามฮูบ

блюдце

จามธอງ

соус

ຊອສ

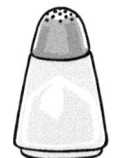

солонка

ກະປຸກເກືອ

мельница для перца

ກະປຸກພິກໄທ

уксус

ນ້ຳສົ້ມສາຍຊູ

масло

ນ້ຳມັນພືດ

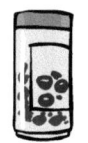

специи

ເຄື່ອງເທດ

кетчуп

ຊອສໝາກເດັ່ນ

горчица

ຜັກຈຳພວກຜັກກາດ

майонез

ມາຍອນເນສ

супермаркет

ຊູບເປີມາກເກັດ

специальное предложение
ຂໍ້ສະເໜີພິເສດ
FOR
покупатель
ລູກຄ້າ
молочные продукты
ຜະລິດຕະພັນທີ່ເຮັດຈາກນົມ
фрукты
ໝາກໄມ້
тележка для покупок
ລົດຊຸກ

BUTCHERS

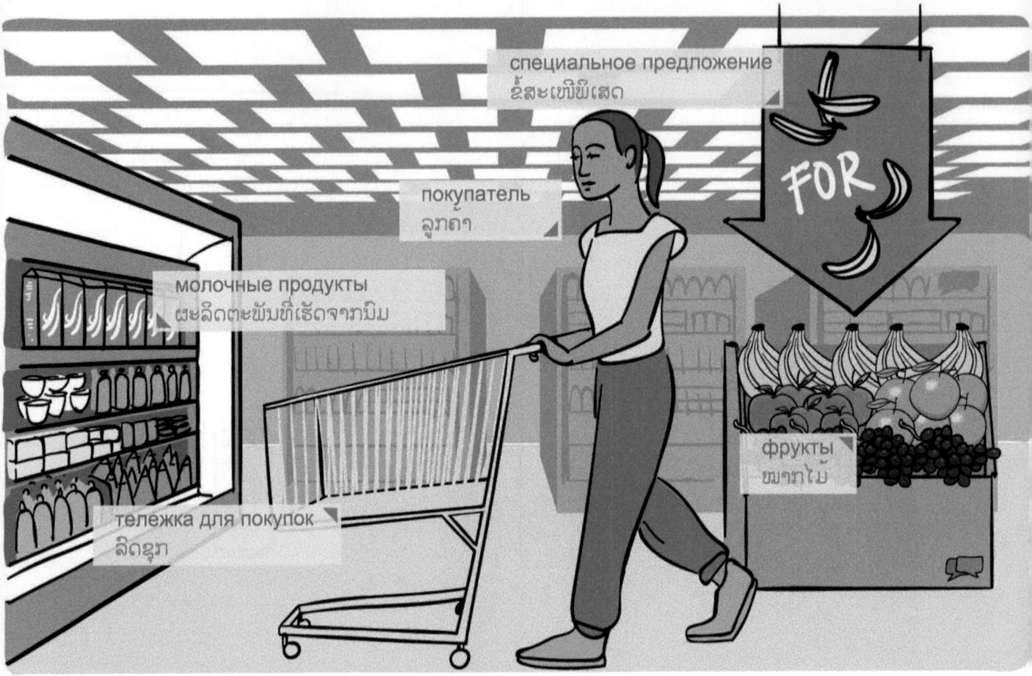

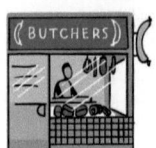

мясной магазин

ຮ້ານຂາຍຊີ້ນ

BAKERY

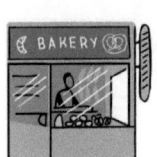

пекарня

ຮ້ານຂາຍເຂົ້າໜົມປັງ

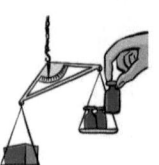

взвешивать

ຊັ່ງນ້ຳໜັກ

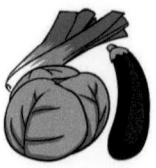

овощи

ຜັກ

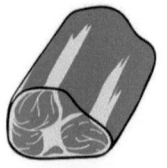

мясо

ຊີ້ນ

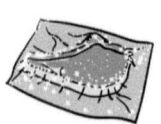

быстрозамороженные продукты

ອາຫານແຊ່ແຂງ

нарезка

ຊີ້ນເຢັນ

консервы

ອາຫານກະປ໋ອງ

стиральный порошок

ແຜ່ນຊັກເຄື່ອງ

сладости

ເຂົ້າໜົມຫວານ

предмет домашнего обихода

ຜະລິດຕະພັນໃນຄົວເຮືອນ

моющее средство

ຜະລິດຕະພັນທຳຄວາມສະອາດ

продавщица

ພະນັກງານຂາຍຍິງ

касса

ເຄື່ອງຄິດເງິນ

кассир

ພະນັກງານເກັບສິດ

список покупок

ລາຍການຊື້ເຄື່ອງ

время работы

ເວລາເປີດເຣັດອຽກ

бумажник

ກະເປົາເງິນ

кредитная карточка

ບັດເຄຣດິດ

сумка

ຖົງ

полиэтиленовый пакет

ຖົງຢາງ

напитки

ເຄື່ອງດື່ມ

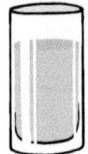
вода
ນ້ຳ

сок
ນ້ຳຫມາກໄມ້

молоко
ນົມ

кока-кола
ໂຄກ

вино
ວາຍ

пиво
ເບຍ

алкоголь
ເຫຼົ້າ

какао
ໂກໂກ້

чай
ຊາ

кофе
ກາເຟ

эспрессо
ເອສເປຣສໂຊ

капучино
ຄາປູຊິໂນ

банан

ໝາກກ້ວຍ

яблоко

ແອັບເປິ້ນ

апельсин

ໝາກກ້ຽງ

арбуз

ໝາກໂມ

лимон

ໝາກນາວ

морковь

ຫົວກະຮິດ

чеснок

ຜັກທຽມ

бамбук

ຕົ້ນໄຜ່

лук

ຫອມບົ່ວ

гриб

ເຫັດ

орехи

ຖົ່ວ

лапша

ເສັ້ນໝີ່

спагетти

ສະປາແກັດຕີ້

рис

ເຂົ້າ

салат

ສະຫຼັດ

картофель фри

ມັນຝຣັ່ງທອດ

жареный картофель

ມັນຝຣັ່ງທອດ

пицца

ພິສຊາ

гамбургер

ແຮມເບີເກີ້

сэндвич

ແຊນວິດຈ໌

шницель

ຊີ້ນຕິດກະດູກ

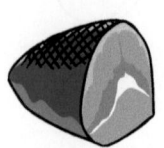

ветчина

ແຮມ

салями

ໄສ້ກອກແຫ້ງຊາລາມິ

колбаса

ໄສ້ກອກ

курица

ໄກ່

жаркое

ຢ່າງ

рыба

ປາ

овсяные хлопья

ເຂົ້າປຸກເຂົ້າໂອດ

мюсли

ອາຫານຊະນິດເປັນເມັດກອນ

кукурузные хлопья

ເຂົ້າຊວຍເປັນປຽງນ້ອຍໆ

мука

ເຂົ້າແປ້ງ

круассан

ເຂົ້າຈີ່ຊະນິດທີ່ງມີຮູບເດືອນເຄີ່ງ
ຫວອຍ

булочка

ເຂົ້າໜົມປັງແບບມ້ວນ

хлеб

ເຂົ້າໜົມປັງ

тост

ເຂົ້າໜົມປັງປີ້ງ

печенье

ເຂົ້າໜົມປັງຊະນິດກ້ອນນ້ອຍ

масло

ເນີຍ

творог

ນ້ຳນົມແຂ້ນ

пирог

ເຄກ

яйцо

ໄຂ່

яичница

ໄຂ່ດາວ

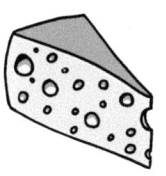

сыр

ເນີຍແຂງ

мороженое

ກະແລ້ມ

сахар

ນ້ຳຕານ

мёд

ນ້ຳເຜິ້ງ

мармелад

ແຍມ

крем с нугой

ຊ້ອກໂກແລັດຄຣີມສະເປຣດ

карри

ກະລີ່

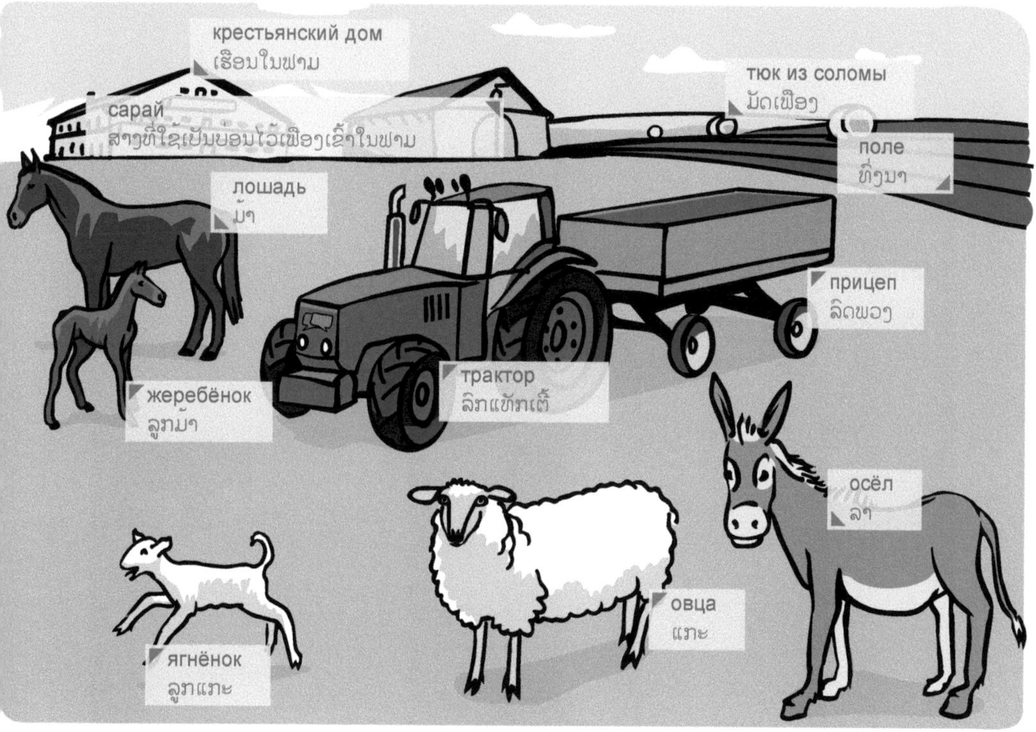

крестьянский дом
ເຮືອນໃນຟາມ

сарай
ສາງທີ່ໃຊ້ເບັ່ນບ່ອນໄວ້ເຟືອງເຂົ້າໃນຟາມ

тюк из соломы
ມັດເຟືອງ

поле
ທີ່ງນາ

лошадь
ມ້າ

прицеп
ລົດພ່ວງ

жеребёнок
ລູກມ້າ

трактор
ລົກແທັກເຕີ້

осёл
ລາ

ягнёнок
ລູກແກະ

овца
ແກະ

коза

ແກະ

корова

ວົງຕົວແມ່

телёнок

ລູກງົວ

свинья

ໝູ

поросёнок

ລູກໝູ

бык

ວົງຕົວຜູ້

гусь

ຫ່ານ

утка

ເປັດ

цыплёнок

ລູກໄກ່

курица

ແມ່ໄກ່

петух

ໄກ່ຜູ້

крыса

ໜູ

кошка

ແມວ

мышь

ໜູ

вол

ງົວຕົວຜູ້

собака

ໝາ

конура

ຄອກໝາ

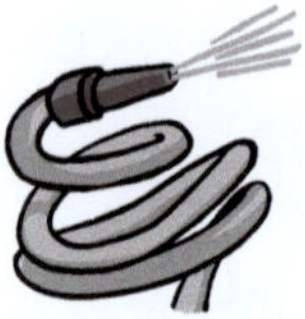

садовый шланг

ສາຍທໍ່ຢາງທີ່ໃຊ້ໃນສວນ

лейка

ຊິວທິດຕົ້ນໄມ້

коса

ກ່ຽວດ້າມຍາວ

плуг

ຄັນໄຖ

серп

ກ່ຽວ

мотыга

ຈົກ

навозные вилы

ຄາດ

топор

ຂວານ

тачка

ລົດຍູ້ລໍ້ຽວ

корыто

ທາງລິນ

бидон для молока

ປ່ອງນົມ

мешок

ກະສອບ

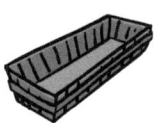

забор

ຮົ້ວ

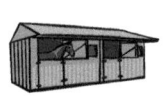

хлев

ຄອກມ້າ

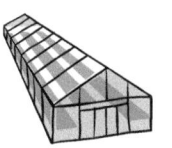

теплица

ເຮືອນກະຈົກ

почва

ດິນ

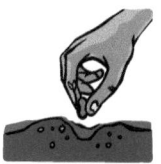

посев

ແກນ

удобрение

ປຸຍ

комбайн

ເຄື່ອງກ່ຽວເຂົ້າ

собирать урожай

ເກັບກ່ຽວ

урожай

ການເກັບກ່ຽວ

ямс

ເຜືອກ

пшеница

ເຂົ້າສາລີ

соя

ຖົ່ວເຫຼືອງ

картофель

ມັນຝຣັ່ງ

кукуруза

ເຂົ້າໂພດ

рапс

ດອກເຣພຊິດ

фруктовое дерево

ຕົ້ນໄມ້ທີ່ອອກໝາກ

маниок

ມັນຕົ້ນ

злаки

ພຶດຊະນິດເມັດ

ДОМ
ເຮືອນ

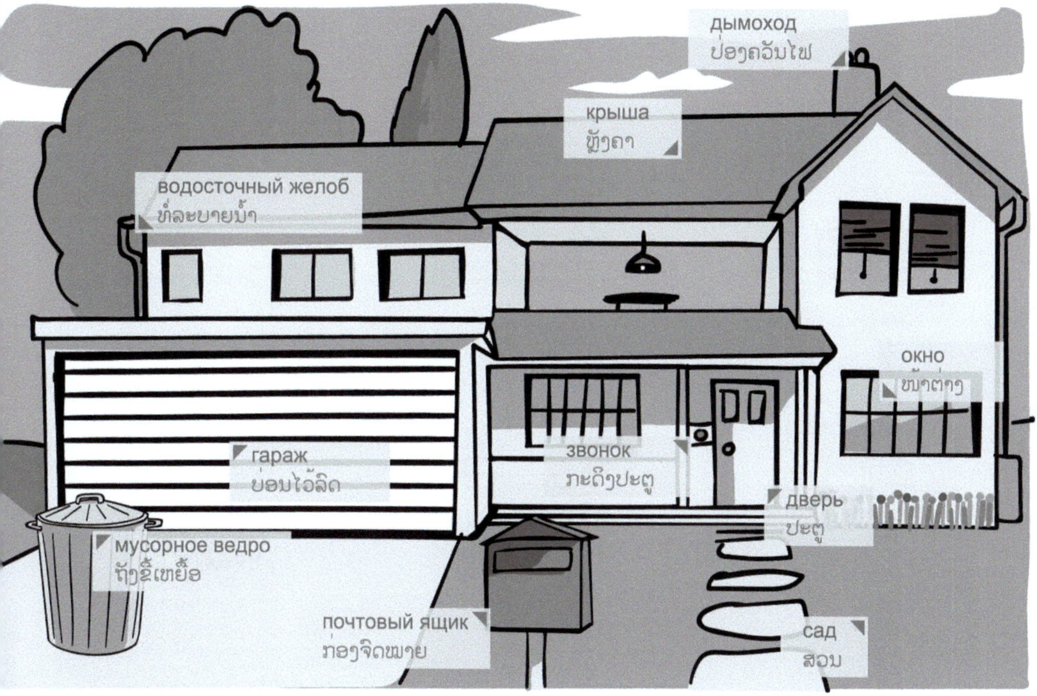

дымоход
ປ່ອງຄວັນໄຟ
крыша
ຫຼັງຄາ
водосточный желоб
ທໍ່ລະບາຍນ້ຳ
окно
ໜ້າຕ່າງ
гараж
ບ່ອນໄວ້ລົດ
звонок
ກະດິ່ງປະຕູ
дверь
ປະຕູ
мусорное ведро
ຖັງຂີ້ເຫຍື້ອ
почтовый ящик
ກ່ອງຈົດໝາຍ
сад
ສວນ

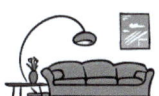

гостиная

ຫ້ອງຮັບແຂກ

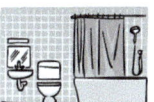

ванная комната

ຫ້ອງນ້ຳ

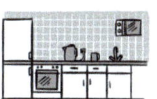

кухня

ຫ້ອງຄົວ

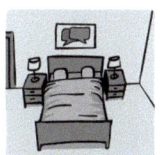

спальня

ຫ້ອງນອນ

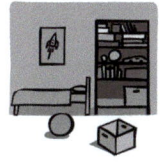

детская комната

ຫ້ອງພັກສຳລັບເດັກນ້ອຍ

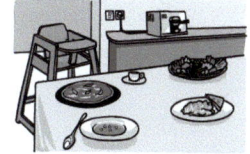

столовая

ຫ້ອງອາຫານ

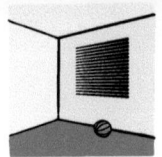

пол
ພື້ນ

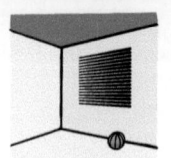

стена
ຝາຜະໜັງ

потолок
ເພດານ

подвал
ຫ້ອງເກັບເຄື່ອງໃຕ້ດິນ

сауна
ຫ້ອງອົບອາຍນ້ຳ

балкон
ລະບຽງ

терраса
ຊຸ້ມຕາມຂ້າງຝູ

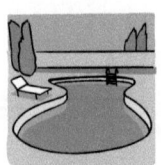

бассейн
ສະລອຍນ້ຳ

газонокосилка
ເຄື່ອງຕັດຫຍ້າ

пододеяльник
ຜ້າປູບອນນອນ

покрывало
ຜ້າປູຕຽງ

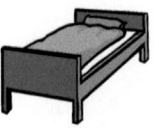

кровать
ຕຽງ

метла
ຟອຍ

ведро
ຖຸ

выключатель
ສະວິດ

гостиная
ຫອງຮັບແຂກ

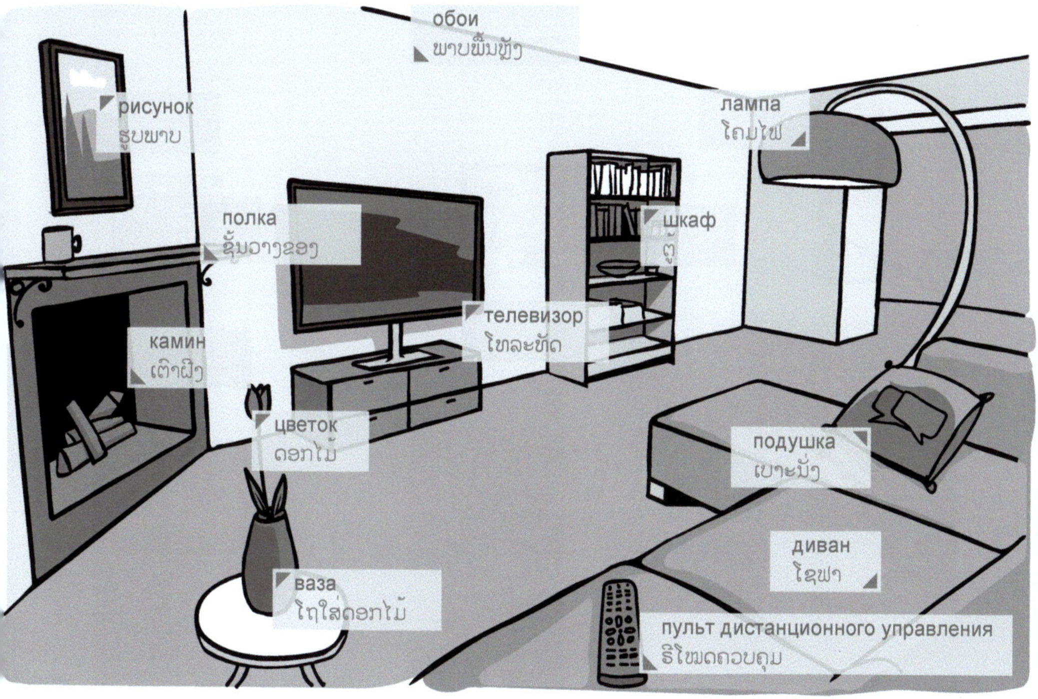
обои
ພາບພື້ນຫຼັງ
рисунок
ຮູບພາບ
лампа
ໂຄມໄຟ
полка
ຊັ້ນວາງຂອງ
шкаф
ຕູ້
телевизор
ໂທລະທັດ
камин
ເຕົາຜິງ
цветок
ດອກໄມ້
подушка
ເບາະນັ່ງ
диван
ໂຊຟາ
ваза
ໂຖໃສ່ດອກໄມ້
пульт дистанционного управления
ຣີໂໝດຄວບຄຸມ

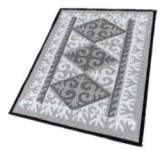

ковёр

ພົມປູພື້ນ

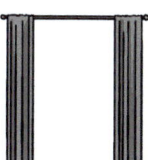

штора

ຜ້າກັ້ງ

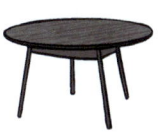

стол

ໂຕະ

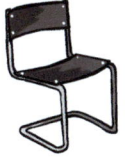

стул

ຕັ່ງນັ່ງ

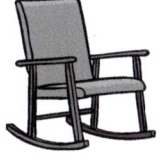

кресло-качалка

ຕັ່ງນັ່ງແບບໂຍກໄດ້

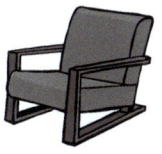

кресло

ຕັ່ງນັ່ງທີ່ມີບ່ອນວາງແຂນ

книга
ໜັງສື

покрывало
ຜ້າຫົ່ມ

украшение
ຂອງຕິກແຕ່ງ

дрова
ຟືນ

фильм
ຮູບເງົາ

стереосистема
ເຄື່ອງສຽງລະບົບໄຮໄຟ

ключ
ກະແຈ

газета
ໜັງສືພິມ

картина
ການແຕ້ມຮູບ

плакат
ໂປສເຕີ

радио
ວິທະຍຸ

блокнот
ແຜ່ນບັນທຶກ

пылесос
ເຄື່ອງດູດຝຸ່ນ

кактус
ຕົ້ນກະບອງເພັດ

свеча
ທຽນໄຂ

кухня
ຫ້ອງຄົວ

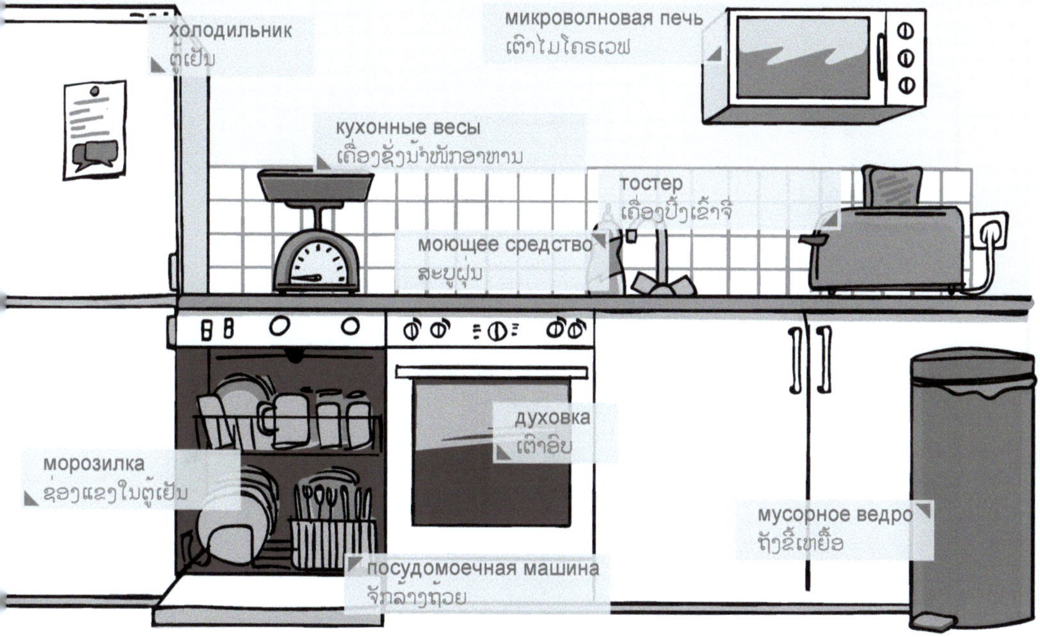
холодильник
ຕູ້ເຢັນ
микроволновая печь
ເຕົາໄມໂຄຣເວຟ
кухонные весы
ເຄື່ອງຊັ່ງນ້ຳໜັກອາຫານ
тостер
ເຄື່ອງປີ້ງເຂົ້າຈີ່
моющее средство
ສະບູຝຸ່ນ
духовка
ເຕົາອົບ
морозилка
ຊ່ອງແຂງໃນຕູ້ເຢັນ
мусорное ведро
ຖັງຂີ້ເຫຍື້ອ
посудомоечная машина
ຈັກລ້າງຖ້ວຍ

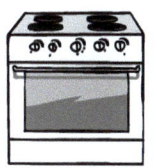

плита
ໝໍ້ຕົ້ມ

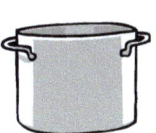

кастрюля
ໝໍ້

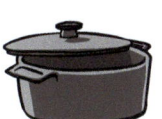

чугунный котелок
ໝໍ້ເຫຼັກຫຼໍ່

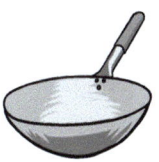

вок / кадай
ໝໍ້ກະທະຈີນ

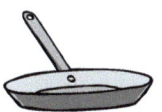

сковорода
ໝໍ້ກະທະກົ້ນແບນ

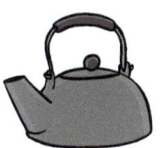

чайник
ກາຕົ້ມນ້ຳ

пароварка	противень	посуда
ໝໍ້ໄອນ້ຳ	ຖາດອົບ	ເຄື່ອງຖ້ວຍຊາມ
кружка	миска	палочки для еды
ຈອກຫີນ	ຖ້ວຍ	ໄມ້ຫູ
половник	лопатка	сбивалка
ຈອງດ້າມຍາວ	ຕະຫຼິວ	ເຄື່ອງຕີໄຂ່
сито	сито	тёрка
ກະຊອນ	ເຄື່ອງຮອນ	ເຜັກຊູດ
ступка	гриль	костёр
ຄົກ	ບາບີຄິວ	ແຄມໄຟຫຼາວອອນ

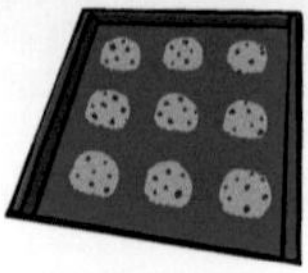

доска

ຂຽງ

скалка

ໄມ້ບົດແປ້ງ

штопор

ເຫຼັກໄຂຄອມແກ້ວ

жестяная банка

ກະປ໋ອງ

консервный нож

ເຄື່ອງເປີດກະປ໋ອງ

прихватка

ຖົງມືຈັບຂອງຮ້ອນ

раковина

ອ່າງລ້າງຈານ

щетка

ແປງ

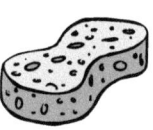

губка

ຟອງນ້ຳ

миксер

ເຄື່ອງປັ່ນ

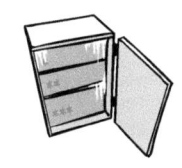

морозильная камера

ຕູ້ແຊ່ແຂງ

бутылочка для кормления

ຂວດນົມ

кран

ກ໊ອກນ້ຳ

ванная комната

ຫ້ອງນ້ຳ

отопление
ເຄື່ອງທຳຄວາມຮ້ອນ
душ
ຝັກບົວ
полотенце
ຜ້າເຊັດໂຕ
душевая занавеска
ຜ້າກັ້ງຫ້ອງນ້ຳ
пенистая ванна
ສະບູທຳຟອງ
ванна
ອ່າງອາບນ້ຳ
стакан
ຈອກແກ້ວ
стиральная машина
ຈັກຊັກຜ້າ
кран
ກ໊ອກນ້ຳ
плитка
ກະເບື້ອງ
горшок
ຖັງຍ່ຽວ
раковина
ອ່າງລ້າງຈານ

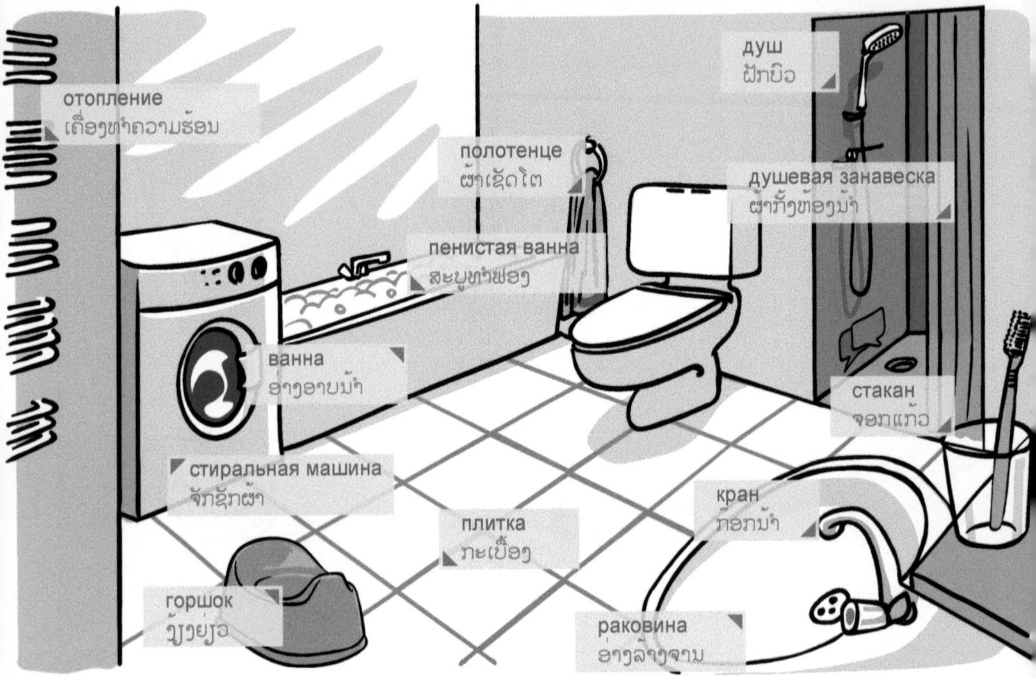

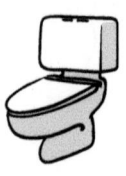

туалет

ຫ້ອງສ້ວມ

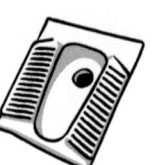

напольный унитаз

ໂຖສ້ວມແບບນັ່ງຍອງ

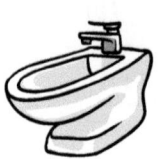

биде

ໂຖຍ່ຽວຂອງຜູ້ຍິງ

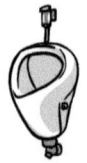

писсуар

ໂຖຍ່ຽວຂອງຜູ້ຊາຍ

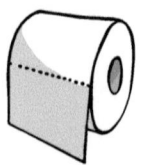

туалетная бумага

ກະດາດຊຳລະທີ່ໃຊ້ໃນຫ້ອງນ້ຳ

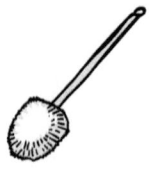

ершик

ແປງຂັດຫ້ອງນ້ຳ

зубная щетка

ແປງສີຟັນ

зубная паста

ຢາສີຟັນ

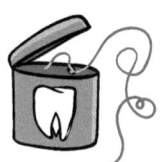

зубная нить

ໄໝຂັດແຂ້ວ

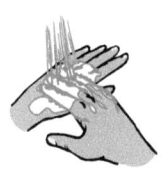

мыть

ລ້າງ

ручной душ

ຝັກບົວອາບນ້ຳທີ່ໃຊ້ມືຈັບ

интимный душ

ເຄື່ອງສີດລ້າງ

таз

ອ່າງລ້າງໜ້າ

щетка для спины

ແປງຖູຫຼັງ

мыло

ສະບູ

гель для душа

ເຈລອາບນ້ຳ

шампунь

ແຊມພູ

мочалка

ຜ້າຖູໂຕນ້ອຍ

сток

ທໍ່ລະບາຍນ້ຳເສຍ

крем

ຄີມ

дезодорант

ຢາດັບກິ່ນ

зеркало

ແອບແຍງ

ручное зеркало

ແອບມືຖື

бритва

ມີດແຖຫນວດ

пена для бритья

ໂຟມແຖຫນວດ

лосьон после бритья

ໂລຊັ່ນບຳລຸຜິວໜ້າແຖຫນວດ

расческа

ຫວີ

щетка

ແປງ

фен

ຈັກເປົ່າຜົມ

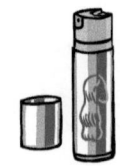

лак для волос

ສະເປຂີດຜົມ

косметика

ຊຸດເຄື່ອງສຳອາງ

губная помада

ລິບສະຕິກທາສົບ

лак для ногтей

ນ້ຳຍາທາເລັບ

вата

ສຳລີ

маникюрные ножницы

ມີດຕັດເລັບ

духи

ນ້ຳຫອມ

косметичка

ກະເປົາອາບນ້ຳ

табуретка

ຕັ່ງສາມຂາ

весы

ເຄື່ອງຊັ່ງນ້ຳໜັກ

халат

ເສື້ອຄຸມອາບນ້ຳ

резиновые перчатки

ຖົງມືຢາງ

тампон

ຜ້າອະນາໄມແບບສອດ

гигиеническая прокладка

ຜ້າອະນາໄມ

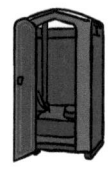

биотуалет

ຫ້ອງນ້ຳເຄມີ

детская комната

ຫອງພັກສໍາລັບເດັກນອຍ

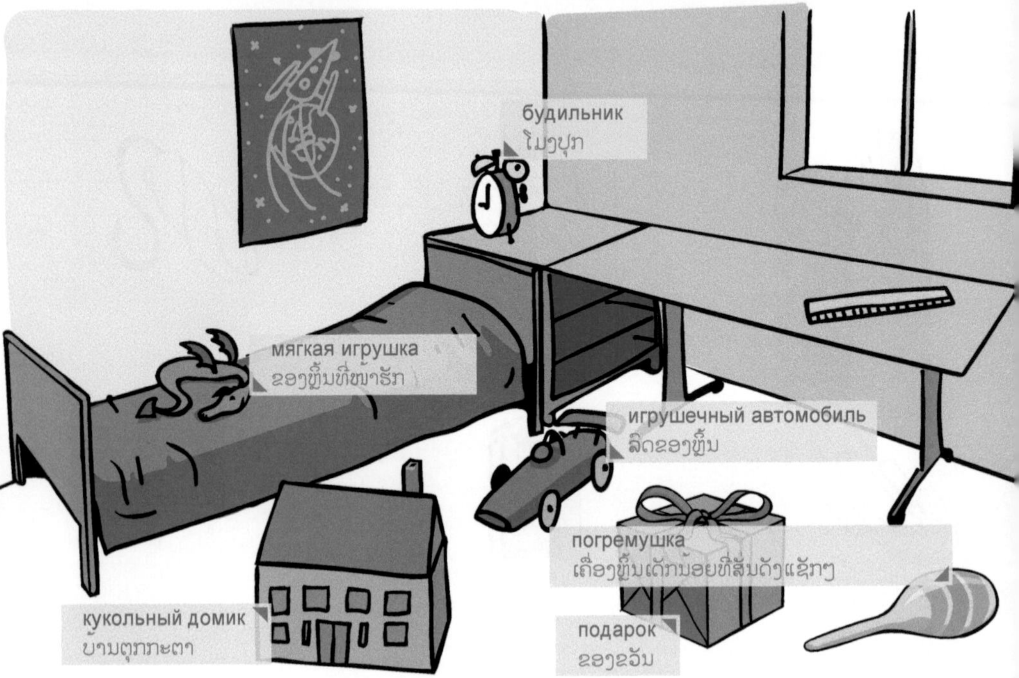
будильник
ໂມງປຸກ
мягкая игрушка
ຂອງຫຼິ້ນທີ່ໜ້າຮັກ
игрушечный автомобиль
ລົດຂອງຫຼິ້ນ
погремушка
ເຄື່ອງຫຼິ້ນເດັກນ້ອຍທີ່ສັ່ນດັງແຊັກໆ
кукольный домик
ບ້ານຕຸກກະຕາ
подарок
ຂອງຂວັນ

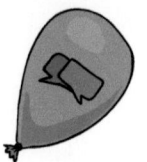

воздушный шар

ໝາກປູມເປົ້າ

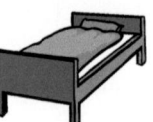

кровать

ຕຽງ

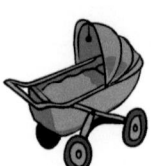

детская коляска

ລົດຍູ້ເດັກ

карточная игра

ຊຸດໄພ້

пазл

ຈິກຊໍ

SUPER
MEGA

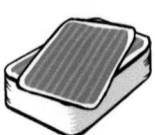

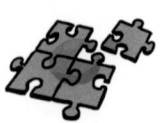

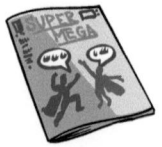

комикс

ໜັງສືກາຕູນ

кирпичики Лего

ຕິດຕໍ່ເລໂກ້

кубики

ບລ໋ອກຂອງຫຼິ້ນ

игрушечная фигурка

ຮູບປັ້ນທີ່ເຄື່ອນໄຫວໄດ້

ползунки

ເສື້ອຜ້າເດັກເກີດໃໝ່

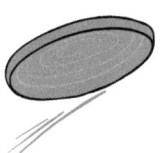

фрисби

ຈານບິນ

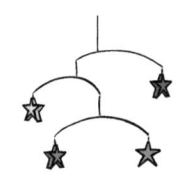

мобиле

ສິ່ງທີ່ແກວ່ງໄປມາແຂວນຢູ່ເທິງຫົວ
ຕຽງເດັກນ້ອຍ

настольная игра

ເກມກະດານ

кубик

ໝາກກະລອກ

модель железной дороги

ຊຸດລົດໄຟຈຳລອງ

соска

ຮູບທຸມ

вечеринка

ງານລ້ຽງ

книга с картинками

ໜັງສືພາບ

мяч

ໝາກບານ

кукла

ຕຸກກະຕາ

играть

ຫຼິ້ນ

песочница

ຂຸມດິນຊາຍສຳລັບເດັກນ້ອຍຫຼິ້ນ

качели

ຊິງຊາ

игрушка

ຂອງຫຼິ້ນ

игровая приставка

ເຄື່ອງຫຼິ້ນວິດີໂອເກມ

трёхколесный велосипед

ລົດຖີບສາມລໍ້

плюшевый медвежонок

ຕຸກກະຕາໝີ

шкаф для одежды

ຕູ້ເສື້ອຜ້າ

одежда

ເສື້ອຜ້າ

носки

ລອງເກີ້

чулки

ຖົງເທົ້າຍາວຜູ້ຍິງ

колготки

ໂສ້ງຍືດແບບເນື້ອ

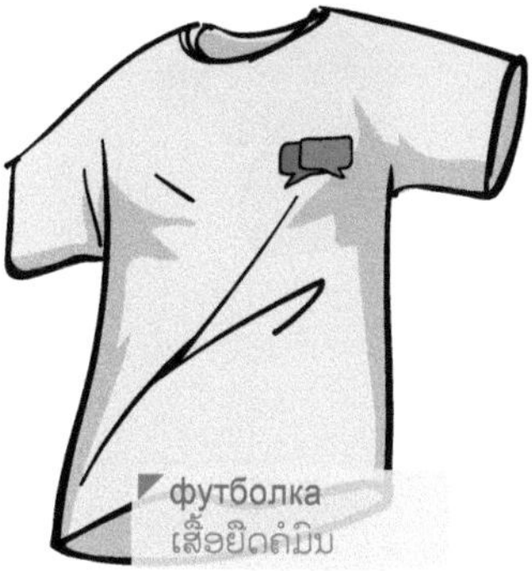

шарф
ผ້າພັນຄໍ

ремень
ສາຍແອວ

зонтик
ຄັນຄ້ມ

футболка
ເສື້ອຍືດຄໍມົນ

кроссовки
ເກີບກິລາ

сапоги
ເກີບບູຕ໌

тапки
ເກີບແຕະ

сандалии
....
ເກີບຮັດດາມ

ботинки
....
ເກີບ

резиновые сапоги
....
ເກີບບູຕຫຍາງ

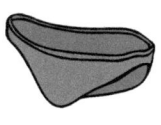

трусы
....
ໂສ້ງຊ້ອນໃນ

бюстгальтер
....
ເສື້ອຊ້ອນໃນ

майка
....
ເສື້ອກ້າມ

боди
ເສື້ອຮັດທຸ່ມ

брюки
ໂສ້ງຂາຍາວ

джинсы
ໂສ້ງຍີນ

юбка
ກະໂປ່ງ

блузка
ເສື້ອຜູ້ຍິ່ງ

рубашка
ເສື້ອເຊີດ

свитер
ເສື້ອກັບຂາວ

свитер
ເສື້ອຄຸມມີໝວກ

спортивная куртка
ເສື້ອໃຫຍ່ທີ່ຕິດກາໂຊງຮຽນຫຼືກາທີມກິລາ

жакет
ເສື້ອແຈັກເກັດ

пальто
ເສື້ອນອກ

плащ
ເສື້ອກັນຝົນ

костюм
ເຄື່ອງແຕ່ງກາຍ

платье
ກະໂປ່ງ

свадебное платье
ຊຸດແຕ່ງງານ

мужской костюм

ເສື້ອສູດ

ночная сорочка

ຊຸດລາຕີ

пижама

ຊຸດນອນ

сари

ຊຸດຊາຣີ

платок

ຜ້າຄຸມຫົວ

тюрбан

ຜ້າພັນຫົວ

паранджа

ເສື້ອບຸຣຸເກາະ

кафтан

ເສື້ອຄຸມຄາຟຕານ

абайя

ເສື້ອຄຸມອາບາຍຯ

купальник

ຊຸດລອຍນ້ຳ

плавки

ໂສ້ງໃສ່ລອຍນ້ຳ

шорты

ໂສ້ງຂາສັ້ນ

спортивный костюм

ຊຸດອອກ

фартук

ຜ້າກັນເປື້ອນ

перчатки

ຖົງມື

пуговица

ກະດຸມ

очки

ແອ່ນຕາ

браслет

ປອກແຂນ

цепочка

ສ້ອຍຄໍ

кольцо

ແຫວນ

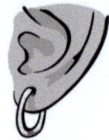

серьга

ຕຸ້ມຫູ

шапка

ໝວກແກ໊ບ

вешалка

ກັ່ງແຂນເສື້ອນອກ

шляпа

ໝວກ

галстук

ກາລະຫວັດ

застежка молния

ຊິບ

шлем

ໝວກກັນກະທົບ

подтяжки

ສາຍໂຍງໂສ້ງ

школьная форма

ຊຸດນັກຮຽນ

форма

ເຄື່ອງແບບ

детский нагрудник

ຜ້າກັນເປື້ອນເດັກ

соска

ຫົວດູດ

подгузник

ຜ້າອ້ອມ

офис

ທ້ອງການ

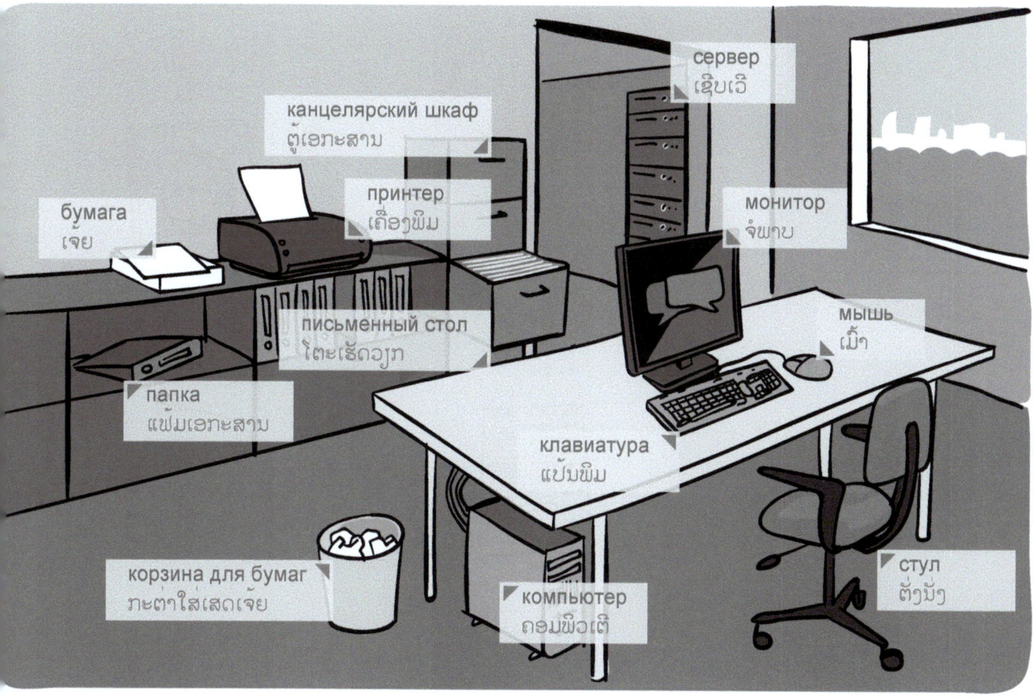

сервер
ເຊີບເວີ

канцелярский шкаф
ຕູ້ເອກະສານ

принтер
ເຄື່ອງພິມ

монитор
ຈໍພາບ

бумага
ເຈ້ຍ

письменный стол
ໂຕະເຮັດວຽກ

мышь
ເມົ້າ

папка
ແຟ້ມເອກະສານ

клавиатура
ແປ້ນພິມ

корзина для бумаг
ກະຕ່າໃສ່ເສດເຈ້ຍ

компьютер
ຄອມພິວເຕີ

стул
ຕັ່ງນັ່ງ

кофейная кружка

ຈອກຫິມໃສ່ກາເຟ

калькулятор

ເຄື່ອງຄິດເລກ

интернет

ອິນເຕີເນັດ

ноутбук

ຄອມພິວເຕີແລັບທັອບ

письмо

ຈົດໝາຍ

сообщение

ຂໍ້ຄວາມ

мобильный телефон

ໂທລະສັບມືຖື

сеть

ເຄືອຂ່າຍ

ксерокс

ເຄື່ອງຖ່າຍເອກະສານ

программа

ຊອບແວ

телефон

ໂທລະສັບ

розетка

ປັກໄຟ

факс

ເຄື່ອງແຟັກ

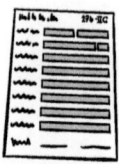

формуляр

ແບບຟອມ

документ

ເອກະສານ

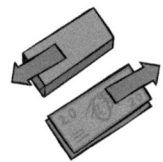

покупать

ຊື້

платить

ຈ່າຍ

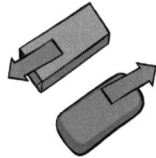

торговать

ຄ້າຂາຍ

деньги

ເງິນ

USD

доллар

ເງິນດອນລາ

EUR

евро

ເງິນຢູໂຮ

JPY

иена

ເງິນເຢນ

RUB

рубль

ເງິນຣູເບິລ

CHF

франк

ເງິນຝຣັ່ງສະວິດ

CNY

жэньминьби юань

ເງິນຢວນເຣິນໝິນບີ້

INR

рупия

ເງິນຣູປີ

банкомат

ເຄື່ອງສາໄລບົກຖິດເງິນສົດຈາກທະນາຄານ

пункт обмена валюты

ບ່ອນແລກປ່ຽນເງິນຕາ

золото

ທອງຄຳ

серебро

ເງິນ

нефть

ນ້ຳມັນ

энергия

ພະລັງງານ

цена

ລາຄາ

договор

ສັນຍາ

налог

ພາສີ

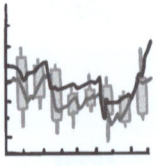

акция

ຫຸ້ນ

работать

ເຮັດວຽກ

служащий

ລູກຈ້າງ

работодатель

ນາຍຈ້າງ

фабрика

ໂຮງງານ

магазин

ຮ້ານຄ້າ

милиционер
ເຈົ້າໜ້າທີ່ຕຳຫຼວດ

пожарный
ພະນັກງານດັບເພີງ

повар
ພໍ່ຄົວ

врач
ຫາມໝໍ

пилот
ນັກບິນ

садовник
ຊາວສວນ

столяр
ຊ່າງໄມ້

швея
ຊ່າງຫຍິບຜ້າທີ່ເປັນຜູ້ຍິງ

судья
ຜູ້ພິພາກສາ

химик
ນັກເຄມີ

актёр
ນັກສະແດງຊາຍ

водитель автобуса

ຄົນຂັບລົດເມປະຈຳທາງ

таксист

ຄົນຂັບແທັກຊີ

рыбак

ຊາວປະມົງ

уборщица

ແມ່ບ້ານທຳຄວາມສະອາດ

кровельщик

ຊາວມຸງຫຼັງຄາ

официант

ຄົນເສີບຂາຍ

охотник

ນາຍພານ

художник

ຊ່າງແຕ້ມຮູບ

пекарь

ຄົນເຮັດເຂົ້າໜົມປັງ

электрик

ຊ່າງໄຟຟ້າ

строитель

ຊ່າງກໍ່ສ້າງ

инженер

ວິສະວະກອນ

мясник

ຄົນຂາຍຊີ້ນ

сантехник

ຊ່າງນ້ຳປະປາ

почтальон

ບູລຸດໄປສະນີ

солдат

ທະຫານ

архитектор

ສະຖາປະນິກ

кассир

ພະນັກງານເກັບສິດ

флорист

ຄົນຂາຍດອກໄມ້

парикмахер

ຊ່າງແຕ່ງຜົມ

кондуктор

ພະນັກງານກວດປີ້ລົດ

механик

ຊ່າງສ້ອມລົດຍົນ

капитан

ຜູ້ບັງຄັບການ

зубной врач

ທັນຕະແພດ

ученый

ນັກວິທະຍາສາດ

раввин

ພະໃນສາສະໜາຍິວ

имам

ຜູ້ນຳຊາວມຸສລິມ

монах

ຄູບາ

священник

ນັກບວດ

инструменты

ເຄື່ອງມື

молоток
ຄ້ອນຕີ
плоскогубцы
ຄີມ
отвёртка
ເຫຼັກໄຂຄວງ
гаечный ключ
ຄີມປາກຕາຍ
карманный фона
ໄຟສາຍ

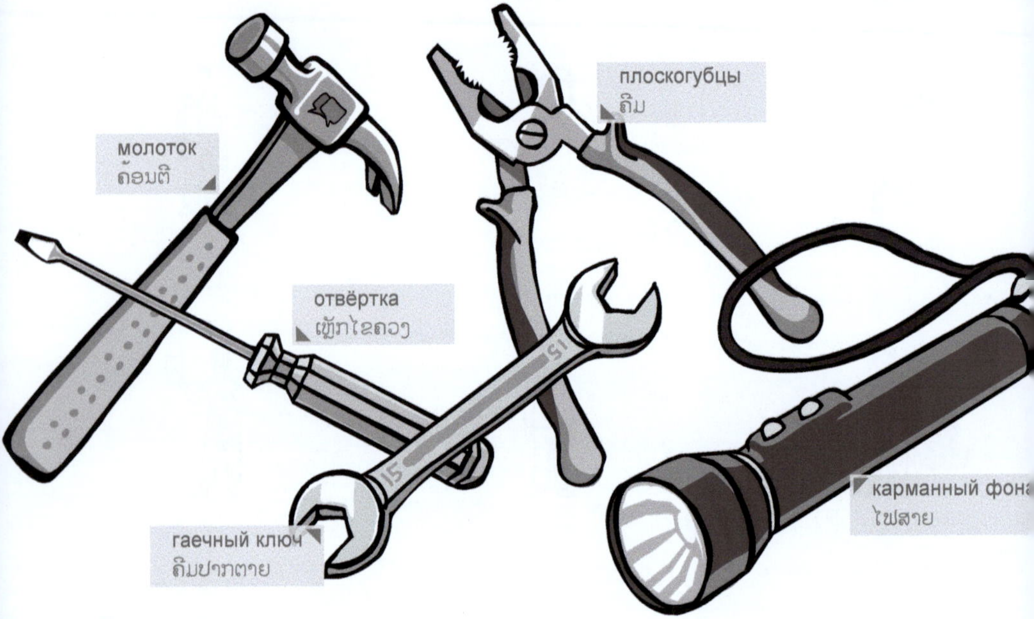

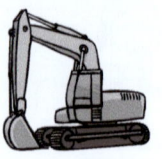

экскаватор

ເຄື່ອງຂຸດ

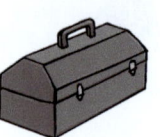

ящик для инструментов

ກັບເຄື່ອງມື

стремянка

ຂັ້ນໄດ

пила

ເລື່ອຍ

гвозди

ຕະປູ

дрель

ເຫຼັກຊີ

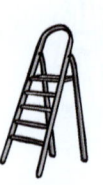

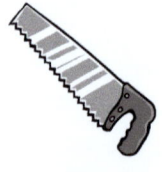

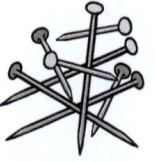

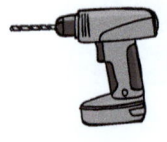

ремонтировать

ສ້ອມແປງ

лопата

ຊ້ວນ

Блин!

ຕາຍຫ່າ!

совок

ຂອງຊ້ວນຂີ້ເຫຍື້ອ

ведро с краской

ຖັງສີ

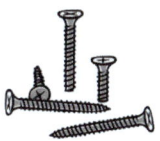

винты

ຕະປູກວງ

музыкальные инструменты
ເຄື່ອງດົນຕີ

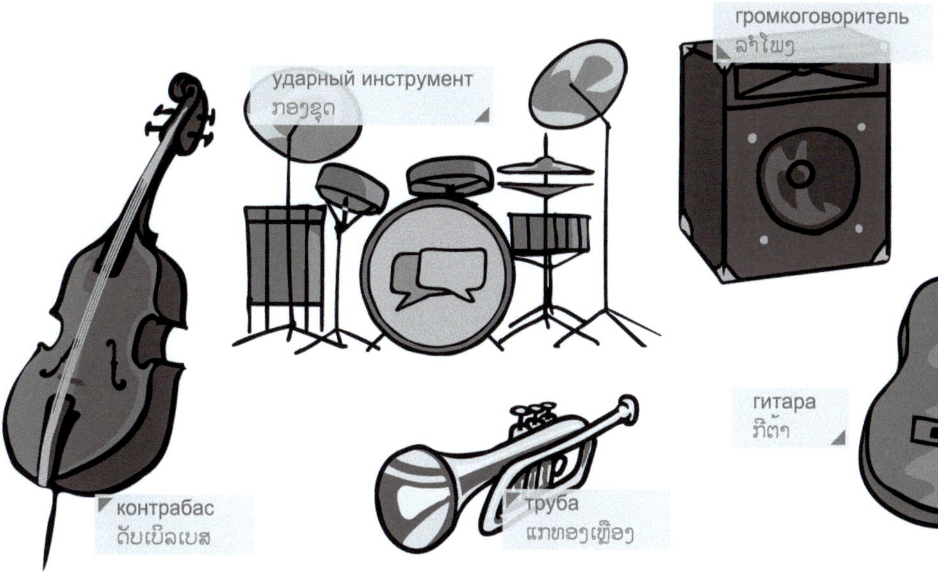

громкоговоритель
ລຳໂພງ

ударный инструмент
ກອງຊຸດ

гитара
ກີຕ້າ

контрабас
ດັບເບິລເບສ

труба
ແກາທອງເຜື່ອງ

пианино

ເປຍໂນ

скрипка

ໄວໂອລິນ

бас-гитара

ເບສ

литавры

ກອງທິມປານີ

барабан

ກອງຊຸດ

синтезатор

ຄີບອດ

саксофон

ແຊັກໂຊໂຟນ

флейта

ຂຸຍ

микрофон

ໄມໂຄຣໂຟນ

зоопарк
ສວນສັດ

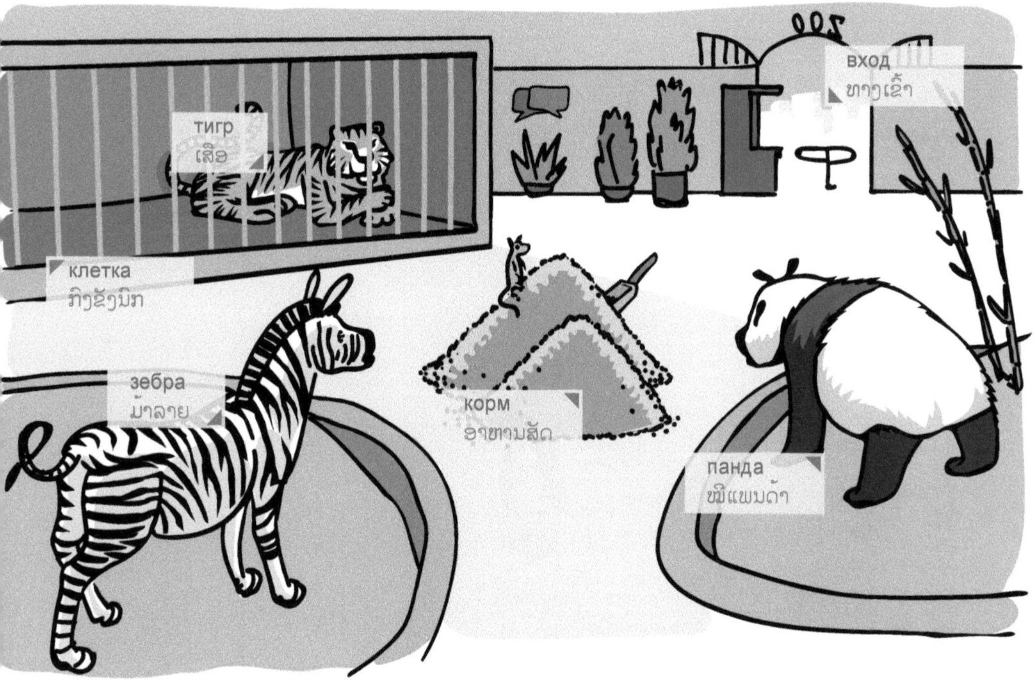
вход
ທາງເຂົ້າ
тигр
ເສືອ
клетка
ກົງຂັງນົກ
зебра
ມ້າລາຍ
корм
ອາຫານສັດ
панда
ໝີແພນດ້າ

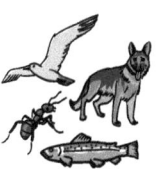

животные

ສັດ

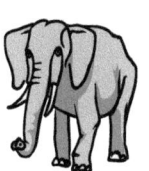

слон

ຊ້າງ

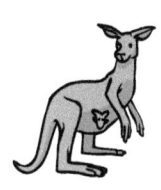

кенгуру

ກັງກາຣູ

носорог

ແຮດ

горилла

ລິງໂທນໃຫຍ່

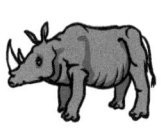

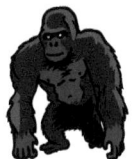

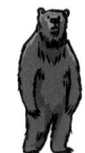

медведь

ໝີ

верблюд

ອູດ

страус

ນົກກະຈອກເທດ

лев

ສິງໂຕ

обезьяна

ລີງ

фламинго

ນົກຟລາມີງໂກ

попугай

ນົກແກ້ວ

белый медведь

ໝີຂົ້ວໂລກ

пингвин

ນົກເພັນກວິນ

акула

ປາສະຫຽມ

павлин

ນົກຍູງ

змея

ງູ

крокодил

ແຂ້

служитель зоопарка

ຜູ້ເບິ່ງແຍງສວນສັດ

тюлень

ແມວນ້ຳ

ягуар

ເສືອຈາກົວ

пони

ມ້ພັນນ້ອຍ

леопард

ເສືອດາວ

бегемот

ຮິບໂປ

жираф

ໂຕຈິຣາຟ

орёл

ໜງ່ວ

кабан

ໝູປ່າຕົວຜູ້

рыба

ປາ

черепаха

ເຕົ່າ

морж

ຊ້າງນ້ຳ

лиса

ໝາຈອກ

газель

ກວາງນ້ອຍ

американский футбол
ອາເມລິກັນຟຸດບອນ

езда на велосипеде
ຂີ່ລົດຖີບ

теннис
ກິລາເທນນິສ

баскетбол
ບັສເກັດບອນ

плавание
ກິລາລອຍນ້ຳ

бокс
ຊົກມວຍ

хоккей
ກິລາຕີຄີເດີ່ນນ້ຳແຂງ

футбол
ກິລາເຕະບານ

бадминтон
ກິລາຕີດອກປິກໄກ່

лёгкая атлетика
ກິລາປະເພດ ແລ່ນ
ເຕັ້ນແລະແກວ່ງ

гандбол
ແຮນບອນ

лыжный спорт
ກິລາສະກີ

поло
ກິລາໂປໂລນ້ຳ

действия
ກິດຈະກຳ

прыгать
ໂດດ
обнимать
ກອດ
смеяться
ຫົວ
идти
ຍ່າງ
петь
ຮ້ອງເພງ
мечтать
ຝັນ
молиться
ໄຫວ້ພະ / ສວດມົນ
целовать
ຈູບ

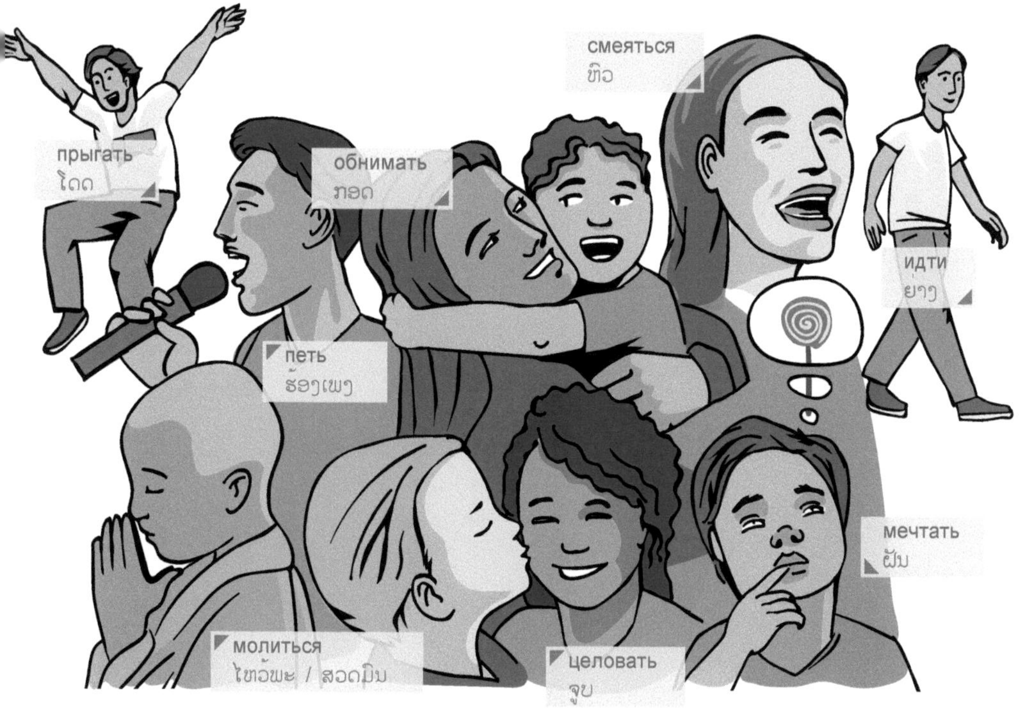

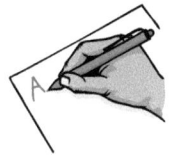

писать
ຂຽນ

рисовать
ແຕ້ມ

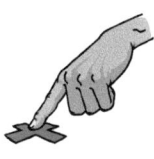

показывать
ສະແດງ

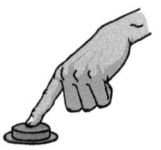

нажимать
ຍູ້

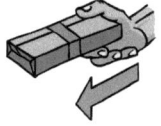

давать
ໃຫ້

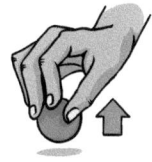

брать
ເອົາໄປ

иметь

ມີ

делать

ເຮັດ

быть

ເປັນ

стоять

ຢືນ

бежать

ແລ່ນ

тянуть

ດຶງ

бросать

ໂຍນ

падать

ລົ້ມ

лежать

ນອນຢຽດ

ждать

ລໍຖ້າ

носить

ຖື

сидеть

ນັ່ງ

надевать

ແຕ່ງຕົວ

спать

ນອນຫຼັບ

просыпаться

ຕື່ນນອນ

действия - ກົດຈະກຳ

рассматривать

ເບິ່ງ

плакать

ຮ້ອງໄຫ້

гладить

ລູບ

причесывать

ຫວີຜົມ

говорить

ລົມ

понимать

ເຂົ້າໃຈ

спрашивать

ຄຳຖາມ

слушать

ຟັງ

пить

ດື່ມ

кушать

ກິນ

наводить порядок

ຈັດໃຫ້ເປັນລະບຽບ

любить

ຮັກ

готовить

ຖືກິນ

ехать

ຮັບລົດ

летать

ບິນ

ходить под парусом

ແລ່ນເຮືອ

считать

ຄິດໄລ່

читать

ອ່ານ

учиться

ຮຽນຮູ້

работать

ເຮັດວຽກ

вступать в брак

ແຕ່ງງານ

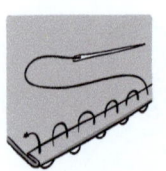

шить

ຫຍິບ

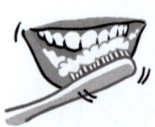

чистить зубы

ແປງຟັນ

убивать

ຂ້າ

курить

ສູບຢາ

отправлять

ສົ່ງ

бабушка
แມ່ເຖົ້າ

дедушка
ພໍ່ເຖົ້າ

папа
ພໍ່

мама
ແມ່

папа
ພໍ່

младенец
ເດັກເກີດໃໝ່

дочь
ລູກສາວ

сын
ລູກຊາຍ

гость

ແຂກ

тетя

ป้า

дядя

ລຸງ

брат

ອ້າຍນ້ອງ

сестра

ເອື້ອຍນ້ອງ

тело

ຮ່າງກາຍ

лоб
ໜ້າຜາກ
глаз
ຕາ
плечо
ບ່າໄຫຼ່
палец
ນິ້ວມື
лицо
ໃບໜ້າ
подбородок
ຄາງ
кисть
ມື
нога
ຂາ
грудь
ໜ້າເອິກ
рука
ແຂນ

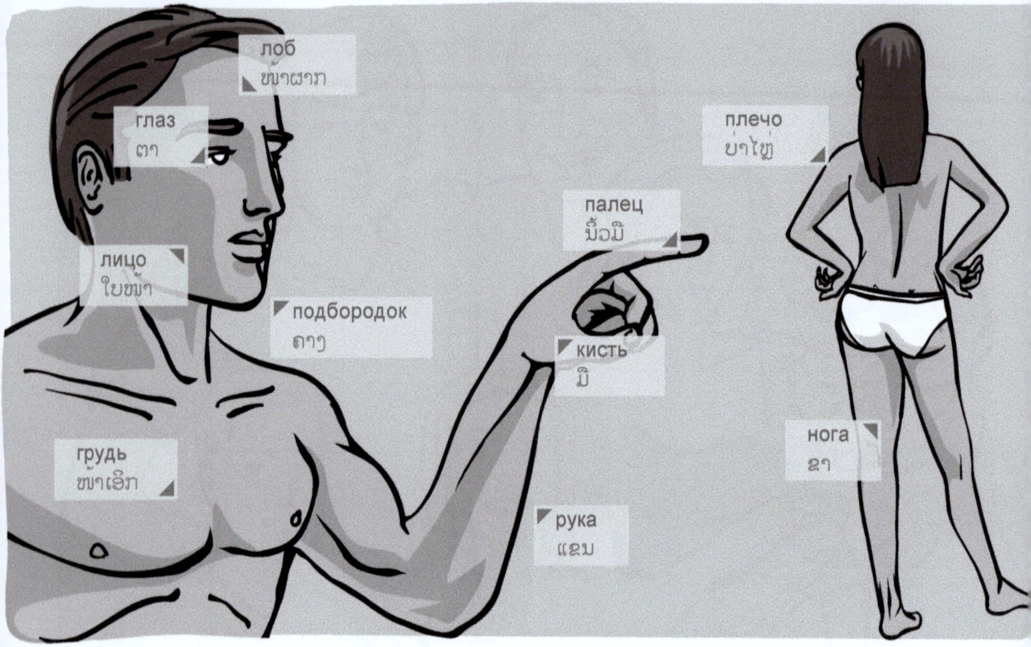

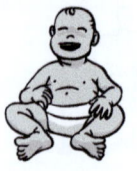

младенец

ເດັກເກີດໃໝ່

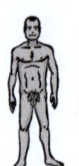

мужчина

ຜູ້ຊາຍ

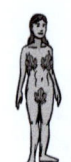

женщина

ຜູ້ຍິງ

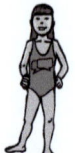

девочка

ເດັກຍິງ

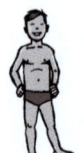

мальчик

ເດັກຊາຍ

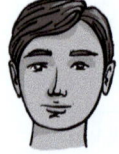

голова

ຫົວ

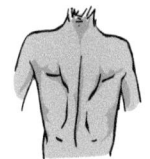

спина

ຫຼັງ

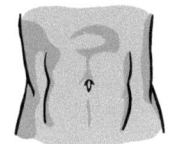

живот

ທ້ອງ

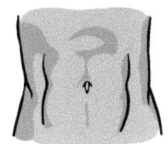

пупок

ສະບື

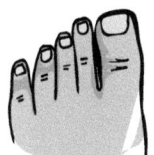

палец ноги

ນິ້ວຕີນ

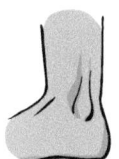

пятка

ສົ້ນຕີນ

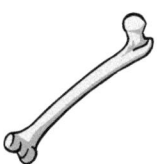

кость

ກະດູກ

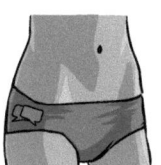

бедро

ກະໂພກ

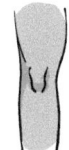

колено

ຫົວເຂົ່າ

локоть

ແຂນສອກ

нос

ດັງ

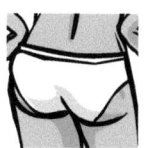

ягодицы

ກົ້ນ

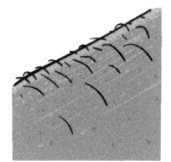

кожа

ຜິວໜັງ

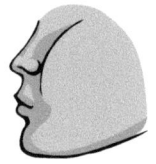

щека

ແກ້ມ

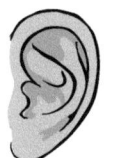

ухо

ຫູ

губа

ຮີມສົບ

рот

ปาກ

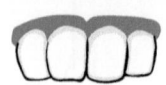

зуб

ແຂ້ວ

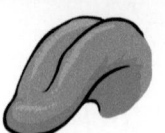

язык

ລີ້ນ

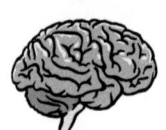

мозг

ສະໝອງ

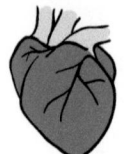

сердце

ຫົວໃຈ

мышца

ກ້າມເນື້ອ

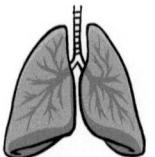

лёгкое

ປອດ

печень

ຕັບ

желудок

ກະເພາະ

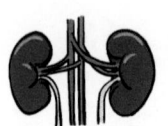

почки

ໄຕ

половой акт

ເພດສຳພັນ

презерватив

ຖົງຢາງອະນາໄມ

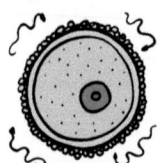

яйцеклетка

ເຊັລສືບພັນ

сперма

ນ້ຳອະສຸຈິ

беременность

ການຖືພາ

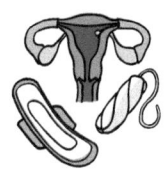

менструация

ปะจำเดือน

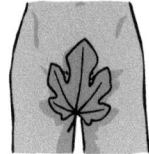

вагина

ຊ່ອງຄອດ

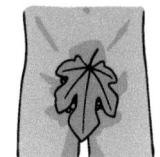

пенис

ອະໄວຍະວະເພດຊາຍ

бровь

ຄິ້ວ

волосы

ເສັ້ນຜົມ

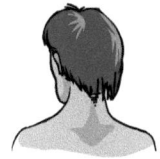

шея

ຄໍ

больница
ໂຮງໝໍ

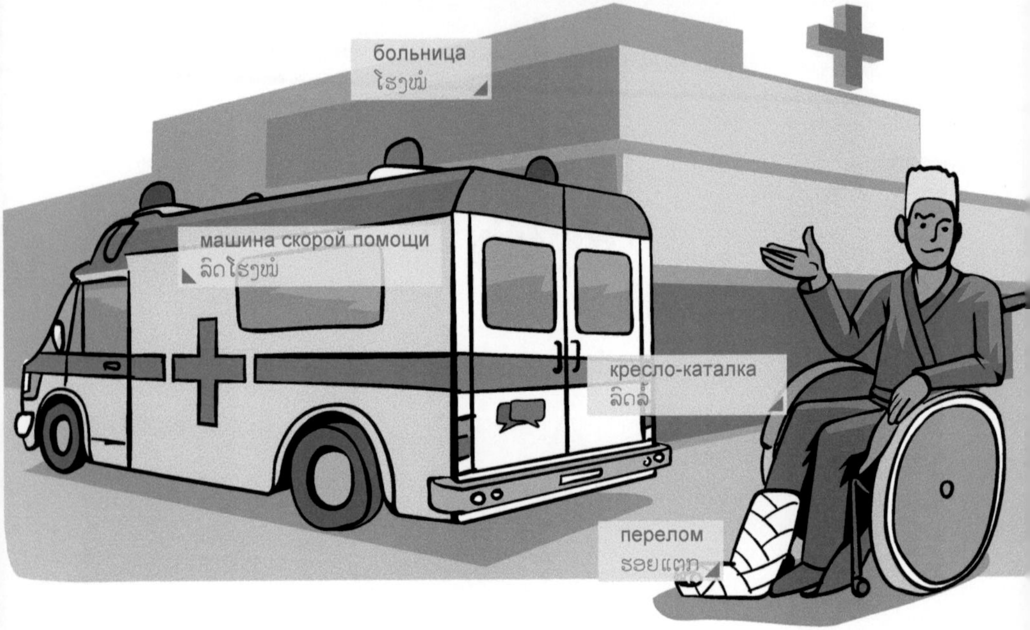

больница
ໂຮງໝໍ
машина скорой помощи
ລົດໂຮງໝໍ
кресло-каталка
ລົດລໍ້
перелом
ຮອຍແຕກ

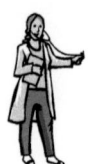

врач

ທ່ານໝໍ

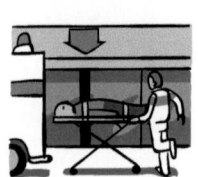

пункт первой помощи

ຫ້ອງສຸກເສີນ

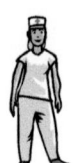

медсестра

ພະຍາບານ

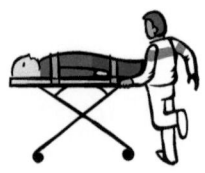

неотложный случай

ສຸກເສີນ

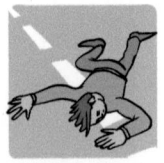

без сознания

ໝົດສະຕິ

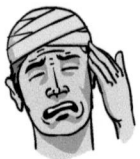

боль

ອາການເຈັບປວດ

повреждение

ການບາດເຈັບ

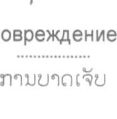

кровотечение

ເລືອດໄຫຼ

инфаркт

ຫົວໃຈວາຍ

инсульт

ໂຣກຫຼອດເລືອດໃນສະໝອງ

аллергия

ອາການແພ້

кашель

ໄອ

повышенная температура

ໄຂ້

грипп

ໄຂ້ຫວັດ

понос

ຖອກທ້ອງ

головная боль

ເຈັບຫົວ

рак

ໂຣກມະເລງ

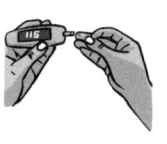

диабет

ພະຍາດເບົາຫວານ

хирург

ໝໍຜ່າຕັດ

скальпель

ມີດຜ່າຕັດ

операция

ການຜ່າຕັດ

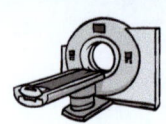

KT

ເຄື່ອງເອັກສເຣຄອມພິວເຕີ

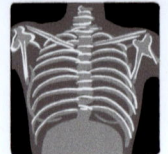

рентген

ເອັກຊ໌-ເຣ

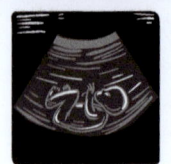

ультразвук

ອູລຕຣາຊາວ (ultrasound)

маска

ໜ້າກາກອະນາໄມ

болезнь

ພະຍາດ

приёмная

ຫ້ອງລໍຖ້າ

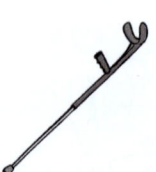

костыль

ໄມ້ຄ້ຳຂີ້ແຮ້

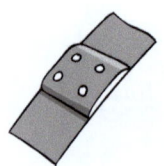

пластырь

ຜ້າຢາງຕິດບາດ

бинт

ຜ້າພັນແຜ

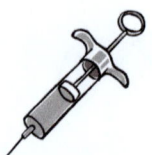

укол

ສັກຢາ

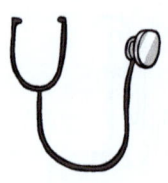

стетоскоп

ເຄື່ອງຟັງປອດຫົວໃຈ

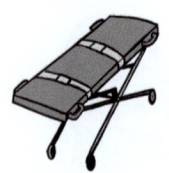

носилки

ເປຫາມຄົນເຈັບ

термометр

ບາຫຼອດວັດໄຂ້

рождение

ການເກີດ

избыточный вес

ນ້ຳໜັກເກີນ

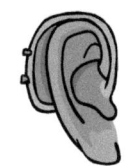

слуховой аппарат

ເຄື່ອງຊ່ວຍຟັງ

дезинфекционное средство

ນ້ຳຢາລ້າງເຊື້ອ

инфекция

ການຕິດເຊື້ອ

вирус

ເຊື້ອໄວຣັສ

ВИЧ / СПИД

HIV / ເອດส์

лекарство

ຢາ

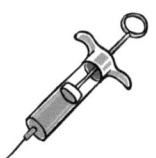

прививка

ການສັກວັກຊີນ

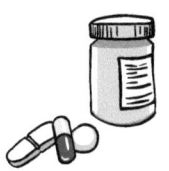

таблетки

ຢາເມັດ

противозачаточная таблетка

ຢາເມັດ

экстренный вызов

ໂທออกສຸກເສີນ

прибор для измерения кровяного давления

ເຄື່ອງວັດຄວາມດັນເລືອດ

больной / здоровый

ໄຂ້ / ສຸຂະພາບດີ

сигнал тревоги

ສັນຍານເຕືອນໄພ

нападение

ການທຳຮ້າຍຮ່າງກາຍ

Помогите!

ຊ່ວຍດ້ວຍ!

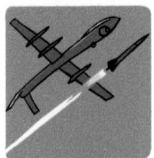

атака

ການໂຈມຕີ

опасность

ອັນຕະລາຍ

запасной выход

ທາງອອກສຸກເສີນ

Пожар!

ໄຟໄໝ້!

огнетушитель

ບັ້ງດັບເພີງ

несчастный случай

ອຸປະຕິເຫດ

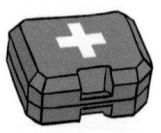

аптечка

ຊຸດປະຖົມພະຍາບານຂັ້ນຕົ້ນ

SOS

ສັນຍານຮ້ອງຄວາມຊ່ວຍເຫຼືອ

милиция

ຕຳຫຼວດ

Европа

ເອີຣົບ

Северная Америка

ອາເມລິກາເໜືອ

Южная Америка

ອາເມລິກາໃຕ້

Африка

ອາຟຣິກາ

Азия

ເອເຊຍ

Австралия

ອອສເຕຣເລຍ

Атлантический океан

ແອດແລນຕິກ

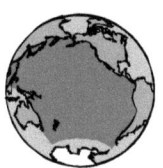

Тихий океан

ປາຊີຟິກ

Индийский океан

ມະຫາສະໝຸດອິນເດຍ

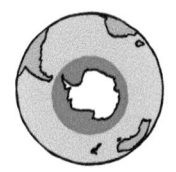

Антарктический океан

ມະຫາສະໝຸດແອນຕາຣຕິກ

Северный Ледовитый
океан

ມະຫາສະໝຸດອາກຕິກ

Северный полюс

ຂົ້ວໂລກເໜືອ

Южный полюс

ຂົ້ວໂລກໃຕ້

Антарктика

ແອນຕາຮຕິກາ

земля

ໂລກ

суша

ດິນ

море

ທະເລ

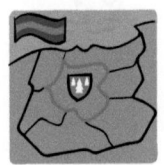

остров

ເກາະ

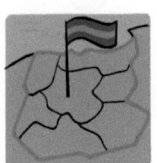

нация

ຊາດ / ປະເທດຊາດ

государство

ລັດ

циферблат

ໜ້າປັດໂມງ

часовая стрелка

ເຂັມໂມງ

минутная стрелка

ເຂັມນາທີ

секундная стрелка

ເຂັມວິນາທີ

Который час?

ຈັກໂມງແລ້ອ?

день

ວັນ

время

ເວລາ

сейчас

ຕອນນີ້

электронные часы

ໂມງດິຈິຕອລ

минута

ນາທີ

час

ຊົ່ວໂມງ

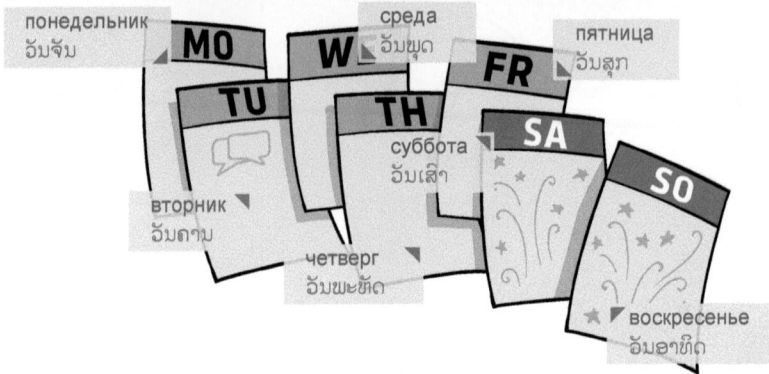

понедельник
ວັນຈັນ

MO

среда
ວັນພຸດ

W

пятница
ວັນສຸກ

FR

TU

TH

суббота
ວັນເສົາ

SA

вторник
ວັນຄານ

четверг
ວັນພະຫັດ

SO

воскресенье
ວັນອາທິດ

вчера

ມື້ວານນີ້

сегодня

ມື້ນີ້

завтра

ມື້ອື່ນ

утро

ຕອນເຊົ້າ

полдень

ຕອນທ່ຽງ

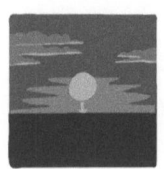

вечер

ຕອນແລງ

рабочие дни

ວັນເຮັດວຽກ

выходные

ທ້າຍສັບປະດາ

год
ປີ

дождь
ຝົນຕົກ
радуга
ຮຸ້ງກິນນ້ຳ
ветер
ລົມ
снег
ຫິມະ
весна
ລະດູໃບໄມ້ປົ່ງ
лето
ລະດູຮ້ອນ
осень
ລະດູໃບໄມ້ຫຼົ່ນ
зима
ລະດູໜາວ

4.APRIL 11°
5.APRIL 4°
6.APRIL 13°
7.APRIL 8°
8.APRIL 10°

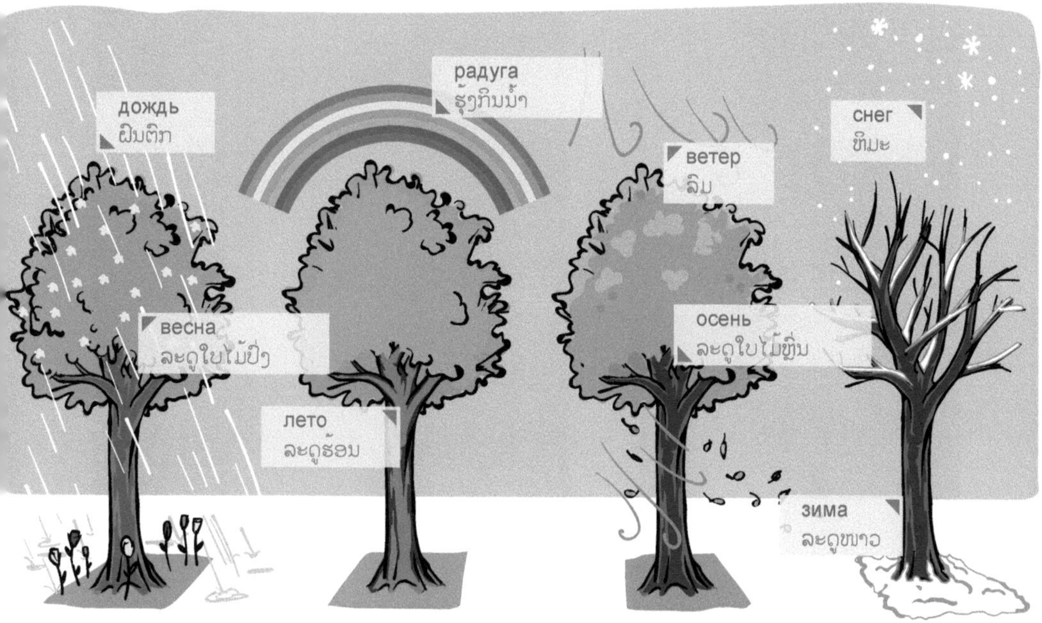

прогноз погоды

ການພະຍາກອນອາກາດ

F C
120 40
90 30
60 20
30 10
0 0
-30 -10
-20

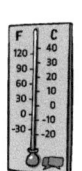

термометр

ເຄື່ອງວັດອຸນຫະພູມ

солнечный свет

ແສງແດດ

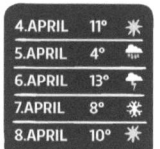

туча

ຂີ້ເຝື້ອ

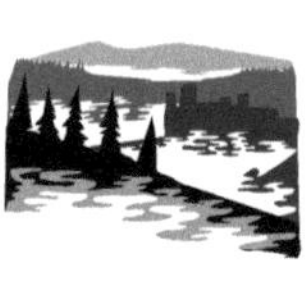

туман

ໝອກ

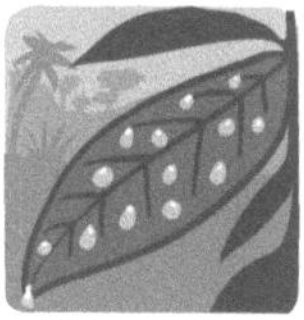

влажность воздуха

ຄວາມຊຸ່ມ

молния

ສາຍຟ້າແມບ

гром

ຟ້າຮ້ອງ

буря

ພະຍຸ

град

ໝາກເຫັບ

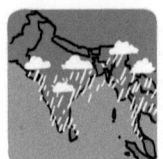

муссон

ລົມມໍລະສຸມ

наводнение

ນ້ຳຖ້ວມ

лёд

ນ້ຳກ້ອນ

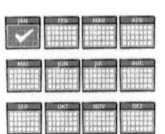

январь

ມັງກອນ

февраль

ກຸມພາ

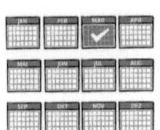

март

ມີນາ

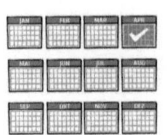

апрель

ເມສາ

май

ພຶດສະພາ

июнь

ມິຖຸນາ

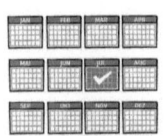

июль

ກໍລະກົດ

август

ສິງຫາ

год - ປີ

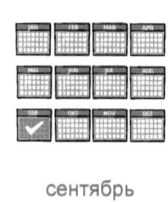

сентябрь

ກັນຍາ

октябрь

ຕຸລາ

ноябрь

ພະຈິກ

декабрь

ທັນວາ

формы

ຮູບຮ່າງ

круг

ວົງມົນ

квадрат

ສີ່ຫຼ່ຽມ

прямоугольник

ຮູບສີ່ຫຼ່ຽມມຸມສາກ

треугольник

ສາມຫຼ່ຽມ

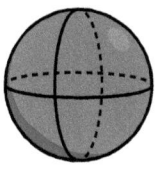

шар

ໜ່ວຍກົມ

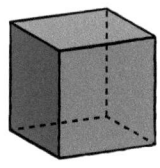

куб

ຮູບສີ່ຫຼ່ຽມມິນທົນ

белый

ສີຂາວ

желтый

ສີເຫຼືອງ

оранжевый

ສີສົ້ມ

розовый

ສີບົວ

красный

ສີແດງ

лиловый

ສີມ່ວງ

синий

ສີຟ້າ

зелёный

ສີຂຽວ

коричневый

ສີນ້ຳຕານ

серый

ສີເທົາ

черный

ສີດຳ

много / мало

ຫຼາຍ / ນ້ອຍ

яростный / мирный

ໃຈຮ້າຍ / ໃຈເຢັນ

красивый / уродливый

ງາມ / ຂີ້ຮ້າຍ

начало / конец

ການເລີ່ມຕົ້ນ / ການສິ້ນສຸດ

большой / маленький

ໃຫຍ່ / ນ້ອຍ

светлый / темный

ແຈ້ງ / ມືດ

брат / сестра

ນ້ອງຊາຍຫຼືອ້າຍ /
ນ້ອງສາວຫຼືເອື້ອຍ

чистый / грязный

ສະອາດ / ເປື້ອນ

полный / неполный

ສຳເລັດ / ບໍ່ສຳເລັດ

день / ночь

ກາງວັນ / ກາງຄືນ

мёртвый / живой

ຕາຍ / ມີຊີວິດ

широкий / узкий

ກວ້າງ / ແຄບ

съедобный / несъедобный

ກິນໄດ້ / ກິນບໍ່ໄດ້

злой / дружелюбный

ຂີ້ອ້າຍ / ໃຈດີ

взволнованный / скучающий

ຫ້າຕືນເຕັ້ນ / ຫາເບື່ອ

толстый / худой

ອ້ວນ / ຈ່ອຍ

сначала / в конце

ທາອິດ / ສຸດທ້າຍ

друг / враг

ເພື່ອນ / ສັດຕູ

полный / пустой

ເຕັມ / ວ່າງເປົ່າ

твёрдый / мягкий

ແຂງ / ນຸ້ມ

тяжёлый / легкий

ໜັກ / ເບົາ

голод / жажда

ຄວາມຫິວ / ຄວາມຫິວນ້ຳ

больной / здоровый

ໄຂ້ / ສຸຂະພາບດີ

незаконный / законный

ຜິດກົດໝາຍ / ຖຶກກົດໝາຍ

умный / глупый

ສະຫຼາດ / ໂງ່

слева / справа

ຊ້າຍ / ຂວາ

близко / далеко

ໃກ້ / ໄກ

новый / подержанный

ใหม่ / ใช้แล้ว

ничто / нечто

ย่ມิหຍັງ / ບາงสิ่ງบาງย่าง

старый / молодой

แก่ / ฆุ่ม

включено / выключено

เปີດ / ປິດ

открыто / закрыто

เปີດ / ປິດ

тихо / громко

ງຽบ / ດัງ

богатый / бедный

ธั่ງมิ / ยากจิบ

правильный /
неправильный

ถูก / ຜิດ

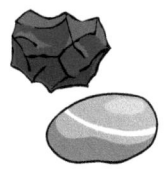

шероховатый / гладкий

บ่ลຽບ / ลຽບ

печальный / счастливый

โสກเส้า / ดิใจ

короткий / длинный

สั้บ / ยาอ

медленный / быстрый

ຊ້า / ໄอ

мокрый / сухой

ປຽກ / แຫ້ງ

тёплый / прохладный

อิบอุ่ม / ຫນาอเยັ็ม

война / мир

สิງคาม / สับติพาบ

0

ноль

ສູນ

1

один

ໜຶ່ງ

2

два

ສອງ

3

три

ສາມ

4

четыре

ສີ່

5

пять

ຫ້າ

6

шесть

ຫົກ

7

семь

ເຈັດ

8

восемь

ແປດ

9

девять

ເກົ້າ

10

десять

ສິບ

11

одиннадцать

ສິບເອັດ

12

двенадцать

ສິບສອງ

13

тринадцать

ສິບສາມ

14

четырнадцать

ສິບສີ່

15

пятнадцать

ສິບຫ້າ

16

шестнадцать

ສິບຫົກ

17

семнадцать

ສິບເຈັດ

18

восемнадцать

ສິບແປດ

19

девятнадцать

ສິບເກົ້າ

20

двадцать

ຊາວ

100

сто

ໜຶ່ງຮ້ອຍ

1.000

тысяча

ໜຶ່ງພັນ

1.000.000

миллион

ໜຶ່ງລ້ານ

английский

ພາສາອັງກິດ

американский английский

ພາສາອັງກິດແບບອາເມລິກັນ

мандаринский китайский

ພາສາຈິນແມນດາຣິນ

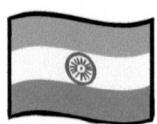

хинди

ພາສາຮິນດີ

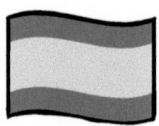

испанский

ພາສາສະເປນ

французский

ພາສາຝຣັ່ງເສດ

арабский

ພາສາອາຣັບ

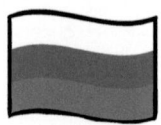

русский

ພາສາຣັດເຊຍ

португальский

ພາສາປ໌ອກຕຸຍການ

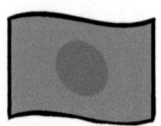

бенгальский

ພາສາແບງກາອນ

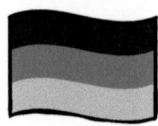

немецкий

ພາສາເຢຍລະມັນ

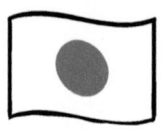

японский

ພາສາຍີ່ປຸ່ນ

я

ຂ້ອຍ

ты

ເຈົ້າ

он / она / оно

ລາວ (ຜູ້ຊາຍ) / ລາວ (ຜູ້ຍິງ) / ມັນ

мы

ພວກເຮົາ

вы

ພວກເຈົ້າ

они

ພວກເຂົາ

кто?

ໃຜ?

что?

ແມ່ນຫຍັງ?

как?

ແນວໃດ?

где?

ຢູ່ໃສ?

когда?

ເມື່ອໃດ?

имя

ຊື່

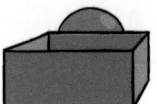

за

ຢູ່ທາງຫົວ

в

ໃນ

перед

ຢູ່ທາງໜ້າ

над

ເໜືອກວາ

на

ຢູ່ເທີງ

под

ຢູ່ກອງ

рядом

ທາງຂ້າງ

между

ຢູ່ລະຫວ່າງ

место

ສະຖານທີ່